# 無印良品の
# 「あれ」は
# 決して安くないのに
# なぜ飛ぶように
# 売れるのか？

江上隆夫 ブランド・コンサルタント

100億円の価値を生み出す凄いコンセプトのつくり方

プロローグ

# 無印良品はコンセプトがすごい

## 消しゴムとバターチキンと家

無印良品ほど世にも奇妙なブランドはない、と言ったら、あなたは驚くでしょうか。しかし、私は長年、敬意の念を持ちながらも、本当に奇妙で、かつ奇跡的なブランドだと思い続けています。

私のデスク周辺や家の中には、たくさんの無印良品の製品があります。

目の前には消しゴム、ノート、ファイルボックス、ブックスタンド。クローゼットには白無地のTシャツ、靴下5足、コーデュロイのパンツ、タートルネックセーター数着、ダウンジャケット、コート。キッチンのお菓子入れの缶には、えびせんべいとミニどら焼き。寝室には白熱灯のスタンド、延長コード、布団のシーツカバー。玄関先には娘の自転車。ちょっと思い出すだけでも、これだけあるのですから、厳密にチェックすればもっとあるでしょう。そういえば会社の電子レンジと冷蔵庫は無印良品の製品です。

東京の旗艦店である無印良品・有楽町店に行くと、このブランドの全貌を見渡すことができます。レトルト食品・調味料、文房具、化粧品、衣料品、家電・照明器具、家具・収納具、寝具、カーテン、食器、台所用品、バス・トイレ用品、観葉植物、自転車・三輪車、さまざまな雑貨、そして家。現在、品目は7000点以上。およそ生活に必要とされる、あらゆるものがここに揃っています。

たぶん、両親に子ども2人の日本の平均的な家族が、家も含め無印良品の製品だけで暮らすことが可能なのではないでしょうか。唯一、足りないと思われるのは、野菜や肉などの「生鮮食品」と、ぜいぜい「クルマ」くらいしか思い浮かびません。

奇妙だと思いませんか。冷静に考えてみてください。

生活に必要なものの、ほぼ99%を、たったひとつのブランドが提供しているのです。こんなブランドが世界中どこにあるのでしょうか。私は知りません。

あなたは、ハウス食品と、ユニクロと、ニトリと、コクヨと、資生堂と、パナソニックと、積水ハウスに、寝具店と園芸店と自転車屋さんが一体化したブランドを想像できるでしょうか。私にはできません。

常識的に考えると、こうした形でブランドが存続することは稀です。というか、ほとんどありません。

たとえば、寿司と天ぷらとラーメンとそば、牛丼、パスタにステーキを食べられるお店は、いまやデパートでもなかなか見かけなくなりました。誰もが魅力を感じないからです。学食や社員食堂くらいでしょうか。「すべてである」は「肝心なものがない」に等しいのです。

無印良品はビジネスの常識ではあり得ない業態です。しかし、お店にはお客様が詰めかけています。

## 安さでは売らない無印良品

無印良品は、安くもありません。

無印良品の出発点は、故・堤清二氏が率いるセゾングループのスーパーマーケット「西友」のプライベートブランドです。当初は食品と生活雑貨の、わずか40品目からのスタートでした。キャッチフレーズは「わけあって、安い」。確かに1980年当時は安さも大きな魅力のひとつでした。

しかし、1990年代から続く、長い、長いデフレ時代を経て製造型小売業が一般化する中で、無印良品の商品群は、安さに価値を置く商品ではなくなってきました。

無印良品の食品部門でもっとも売れている商品をご存知でしょうか。レトルトの「素材を生かしたカレー　バターチキン」です。この商品、一人前で294円もします。

他にレトルトカレーは「素材を生かしたカレー　キーマ」「10種の彩り野菜カレー」各263円、「素材を生かしたカレー　パラックチキン」399円、「素材を生かしたカレー　マッサマン」300円、「素材を生かしたカレー　チキンクルマ」294円などがラインアップされています。

調べたところ私の自宅近くの小さなスーパーでは、26種類のレトルトカレーが店頭に並んでいました。平均価格177円。最安値が88円で20種類が198円以内です。290円以上は298円のものが1種類のみ。もっと高いレトルトカレーもあるようですが、他店でも、ほぼこのようなものでしょう。

価格帯で見ると〝バターチキン〟も含め、無印良品のレトルトカレーは高級品と言っても差し支えありません。それでも〝バターチキン〟は、1年で170万食を売る大ヒットになっています。

無印良品の衣料、たとえばセーター。もっとも高い商品は現時点で3万9000円もします。ネット販売のカシミア製セーターです。あるいは、ベッド。木製ベッドフレームにマットレス、ベッドボード、ベッド下収納をつけたもので13万1850円です。

もちろん、いまでも安い商品はあります。各ジャンルに、きちんとつくられながらも、リーズナブルな印象の商品が数多くラインアップされています。

でも、衣料品で言えばユニクロの方が安いでしょう。家具であればニトリの方が手を出しやすい価格です。家電であれば大型家電店で十分に安いものが手に入ります。

無印良品は、もうとっくに安さで売る商品ではなくなっている。なのに、すべての分野でライバルに負けず劣らず売れています。

## 成功の最大の要因とは？

何でもかんでもあるブランドで、価格も思っているほど安くはない。でも、たくさんの人に受け入れられて成長し、業績も好調。

なぜ、このようなことが無印良品には可能なのでしょうか？

ノウハウが蓄積されている。仕組みが良い。すごいマニュアルがある……。もちろん、それもあります。優秀なデザイナー、商品開発部隊がいる。店舗にも経営陣にも優秀な人材が揃っている。そういったことも、あるかもしれません。

すべてをひっくるめて、いちばんの成功の要因は何なのか？

私は、成功の最大の要因は、無印良品のコンセプトにあると考えています。

そう、コンセプトです。

知れば知るほど、無印良品は製品づくりからお店づくり、人材に至るまで、本当にすみずみまで、コンセプトが徹底されていることが分かります。

関係者に、ブランド誕生以来、何をやってきたのかと問えば、コンセプトの実現に全力を尽くしてきたと言うのではないでしょうか。

**無印良品はコンセプトがすごい。**
**コンセプトをつくる力、使う力がすごいのです。**

無印良品のコンセプトは、日本企業が展開するものとしては、類稀な完成度を誇ります。だから、見たこともない業態で、価格競争にも巻き込まれず、ブランドとしての価値を築きながら、成長し続けているのです。

たかがコンセプトに、そんな力があるのか？　わずか数文字から、せいぜい20文字程度の単なる言葉に。あります。断言します。

コンセプトには数億円、百億円さらには数千億円、1兆円という価値を生み出す力があります。この本は、そのことを証明するためにあるようなものです。

同時に、コンセプトを使いこなすことが苦手な私たち日本人に、少しでもコンセプトの力を知ってもらい、さらには「つくり」「使う」ことができるようにと、たくさんの事例を出しながら、コンセプトの持つすごい力を掘り下げ、「つくり方」「使い方」を詳細に解き明かしました。いままでにないコンセプトの本だと自負しています。

私は、クリエイティブ・ディレクターとして、またブランド・コンサルタントとして長年、コンセプトと格闘し、その過程でコンセプトがどれほど力を持つかも経験してきました。

近年、感じるのは、コンセプトの重要性が、急速に、かつ飛躍的に高まっているという事実です。

グローバル時代とは、地球の裏側の出来事が時差なくやってきて、一瞬であなたのビジネスや生活を変えてしまう時代でもあります。競争は、地球上で一斉スタート。あなたのライバルはモンゴルにいるかもしれないし、ナイジェリアで事業を展開しているかもしれない。場所も時間も当たり前に超えていく、そんな時代になってきています。

その中で残っていけるのは、自らの本質に根ざした、ブレないコンセプトを持つビジネスや組織です。

本書は、この厳しくも変化に富んだ面白い時代を航海するための「タフで使い勝手のいい道具」として誕生しました。どのような形であれ、お役立ていただけたら幸いです。

# 無印良品の「あれ」は決して安くないのに なぜ飛ぶように売れるのか?

目次

## 第五章 最高のコンセプトのつくり方……136

## Part.3 使う

Part.1

# 知る

第一章

# なぜ私たち日本人はコンセプトを使いこなせないのか

## 世界を変えるのは言葉だ

私が「コンセプト」という言葉を初めて聞いたのは、1970年代後半の、にきび面の高校時代にさかのぼります。

ある日、深夜1時過ぎのラジオ番組で、パーソナリティ（著名ミュージシャン）の方が「コンセプト！　コンセプト！」と連呼していた記憶にたどり着きます。

なぜ、ここまではっきりと記憶に残っているかというと、パーソナリティの方が「コンセプト」というキーワードを覚えたてで、使いたくてたまらない様子が声から伝わってきたから。

さらに、「コンセプト」と発せられる言葉が、どうも音楽業界の大事なキーワードとして流通し始めたことが分かったからです。

たいして勉強のできる生徒でなかった私には、その英語らしき言葉が何を意味するのか見当もつきませんでした。ただ、彼の音楽の方向づけをするような根幹にかかわる言葉なのだ、ということは会話の流れから想像できました。


それから7年後。私は「コンセプト」という言葉と本格的に出会います。広告づくりを生業とするようになったからです。コピーライターという職業に就いてからは、日々、「コンセプト」がまとわりついて離れなくなったのです。


「何がコンセプトなの?」

「これはコンセプトにはならないよ」

「コンセプトがよく分からないなあ」

「コンセプトに合っていないね」

「ねえ、コンセプトをきちんと理解している?」

「このコンセプトからは出てこない言葉だ」

「コンセプトからやり直しだね」

いわゆる、**クリエイティブあるいはブランディングといった仕事をしていると「コンセプト」が、いかに決定的に重要かを、毎日思い知ることになります。**記憶に残る仕事ほど、根幹にしっかりとしたコンセプトがあるのです。

**コンセプトの使命は、課題を解決することです。**

広告に限っても「売上を上げたい」「新製品の知名度を飛躍的にアップしたい」「自社の好感度を上げたい」「古くなったブランドイメージを刷新したい」「顧客の若返りを図りたい」……など、さまざまな課題が存在します。ビジネス全体に目を向ければ無数の課題があります。

課題を解決するには十分な予算も時間もなく、条件や環境も整っていないことがほとんど。悪条件、ダメな環境のもとでこそ、頭を抱えるような課題は姿を現します。

当然、解決はひとすじ縄ではいきません。

**課題は、多くのネガティブな要素と、ほんの少しのポジティブな要素でできています。このような不利な状況を打ち破るには、ネガティブをポジティブに一挙に反転できる考え方やアプローチ、つまり新しいコンセプトを発見し、それを推し進める必要があります。**

この本で後ほど取り上げる、ソニーのウォークマンも、そのひとつです。

当初、ウォークマンのプロジェクト推進に当たっては、録音できないテープレコーダーなんか絶対に売れない、と社内の猛反対を受けます。１９８０年前後、市場にあったカセットオーディオ装置は録音再生ができて当たり前。当時の常識では、計画中のウォークマンは出来そこないの製品です。巨大なネガティブを背負っての船出でした。

しかし、創業者の一人である盛田昭夫さんは「場所や時間を問わず音楽を気軽に楽しむ」というコンセプトに賭け、「小型・高音質の再生専門装置」の開発に邁進します。録音できない大きなネガティブの代わりに、わずかなポジティブ要素を徹底的に磨いていきます。音質を飛躍的に上げ、できるだけ小型軽量にし、また気軽に外に持ち出せるよう、持ち運びに便利な専用ヘッドフォンの開発まで行ってしまいます。

結果はご存知のとおりです。

ウォークマンは発売以来十数年で世界中に1億台を出荷する大ヒットとなり、いまに至るまで世の中の音楽の聴き方を変えてしまいました。

その後、ウォークマンを継ぐような革新的な製品は、アップルから生まれてきます。

アップルのｉＰｏｄとｉＴｕｎｅｓ、ｉＴｕｎｅｓストアの組み合わせは、デジタル時代の音楽革命のスイッチを押します。

ｉＰｏｄ登場時のコンセプトであり、キャッチフレーズは〝1,000 songs in your pocket.〟。あなたのお気に入りの１０００曲を、いつでもポケットに入れて持ち歩ける。ｉＰｏｄ以前は、せいぜい数十曲をＣＤやＭＤやカセットテープなどで持ち歩けるだけ。デジタルの音楽再生機器も扱いにくいものが多く、管理も面倒な作業でした。

そんな状況の中、アップルは「音楽を聴く行為」を「音楽を手に入れる、聴く、管理する」という一連の行為として捉え直し、そのすべてをシンプルに、そして実にスムーズに一体化してしまいました。

**〝１０００曲をポケットに〟。たった、これだけの言葉から始まった動きが「音楽の消費の仕方」ひいては「音楽産業の構造」**

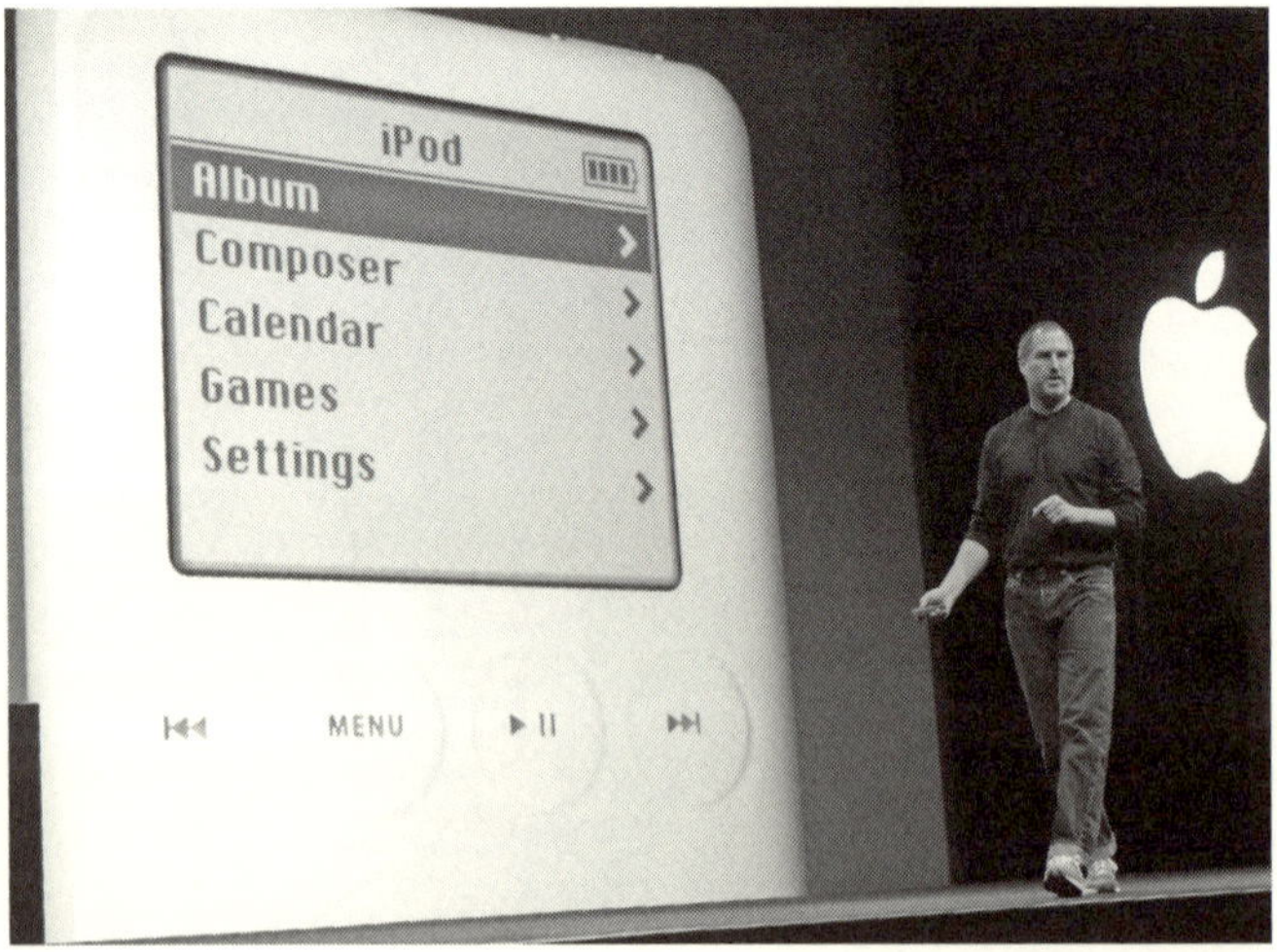


iPodのプレゼンテーションをするスティーブ・ジョブズ　©Corbis/amanaimages

**まで変えてしまったのです。**

これらの話は、ポータブル・オーディオという、私たちの日常のごくごく一部の領域で起こったことです。しかし、実際は世界中のすべての領域で、日々新しいコンセプトが誕生し、旧来の価値を葬り去っています。**コンセプトひとつで、世の中のさまざまな企業や事業、商品が文字通り生きもすれば死にもするのです。**

たかが言葉で世界が変わるのかと思うかもしれませんが、逆に、**言葉以外では人間や世界は変わってきませんでした。**

たとえば、宗教がそうです。人類の壮大な実験とでも言える共産主義もそうでした。経典や口伝の教え、マルクスの資本論がなければ、さまざまな宗教が広まることもなかったろうし、共産主義を採用する国が出現することもなかったでしょう。

私たちが住む、この日本もそうです。日本は民主主義国家です。つまり法治国家です。法治ということは言葉で国を治めていることに他なりません。

アメリカで黒人の公民権を成立させたキング牧師の「I have a dream」に始まる演説、インド独立の父ガンジーの「非暴力・不服従」、大統領選でのオバマの「Yes, We Can!」……。言葉が含む考えに人間は化学反応を起こし、世界をリアルに変えてきたのです。

**私たちは言葉によって世界をつくっているのです。言葉ひとつで世界は変わります。コンセプトは世界を変化させる原動力、テコになるのです。**

残念なことに、その決定的に重要な言葉が、日本の企業の現場で大切にされていると感じた経験はそれほど多くはありません。

ぼんやりとしたあいまいな言葉をコンセプトとして決めてしまって、コンセプトの持つ力を引き出しきれないまま、使っていることが多々あります。企画書のタイトルや社長の訓示にあるような文章を、わが社のコンセプトだといって示されることもしばしばです。

あるいは、見事なコンセプトを持ちながら、なぜか額に入れた言葉のようにお飾りになってしまい、その効果を引き出せていない企業にも遭遇します。

**日本の多くの企業がコンセプトをしっかりとつくりきれず、また使いきれずにいる。**

こうなる理由は、たったひとつしかありません。

それは、しっかり決めたコンセプトを本気で使ったことがないからです。

**だから、コンセプトの持つ「巨大な力」を知らない。その「巨大な力」がどんなふうに現実を動かしていくかを味わったことがない。**気づいていないのです。

実に、もったいない。

優れたコンセプトは、将棋の見事な一手のようなものです。それまでの形勢を見る間に変え、あれほど遠かった勝利を引き寄せる力を持っています。

この本では、コンセプトの考え方、つくり方、使い方を丁寧に解説しています。どの部分にも奇をてらったところはありません。私なりのいくつかの工夫はありますが、かなりオーソドックスに書きつづっています。

私たち日本人が、コンセプトをつくったり、使ったりするのが苦手なのは、論理的に煮詰めたり、概念的なものを使うことが苦手だったりする文化にも原因があります。一朝一夕でコンセプト上手になるわけではありません。

しかし、それでもこの1冊を届けようと思ったのは、グローバル化が進み、変化のスピードが激しい世界で何事かを成し遂げようと考えるなら、コンセプトの持つ力と、つくり方・使い方を知らなければ何も始まらないからです。

しっかりとつくったコンセプトを現実の中で使い切ってみる。変化に驚くのは、きっとあなた自身です。

## コンセプトとは意図を集約した原理・原則

では、コンセプトとは何か？　あらためて、どう定義できるのでしょうか。

辞書を引くと、おおよその辞書には「概念」と書かれてあります。

大辞泉だと【概念。観念。創造された作品や商品の全体につらぬかれた、骨格となる発想や観点。「—のある広告」】と解説されています。

広辞苑も似たようなものです。【概念。企画・広告などで、全体を貫く統一的な視点や考え方。】正直どれを読んでも何のことやら、よく分かりません。

私たちが、コンセプトという概念（スミマセン。ここ微妙な書き方ですね。「概念という概念」なんて）を、うまく消化できていないことが以上のことからも、よく分かります。

オックスフォード現代英英辞典ではｃｏｎｃｅｐｔは【an idea or a principle that is connected with sth ABSTRACT】とあります。「抽象的な何かとつながった着想や原理、原則」ということでしょうか。「概念」というものから一歩進んでいます。

※「sth」は something の略語

ここで重要なのは、オックスフォード現代英英辞典には「principle」という言葉が登場したことです。

私が考えるコンセプトとは、この「principle」の意味にかなり近いからです。

「principle」とはｅプログレッシブ英和中辞典から抜粋すれば……

1　原理、原則、公理、法則
2　行動指針、信条、主義、定見
3　節義、徳義
4　（物の）決定的特質、本質、（本能・性向などの）原動力

……といった意味が並んでいます。

まさに**コンセプトとは目的（企業であれば理念やビジョン）を達成するための「原理・原則」を短く明確に表現したものに他なりません。**そして「行動の指針」となり、「徳義」と**「本質」を保ちながら、全体を動かす「原動力」でなくてはコンセプトとは呼べません。**

この本では、コンセプトを**「目的を達成するための原理・原則を短く明確に表現した言葉」**として扱っていきます。

あなたが組織のトップなら、いまの活動に「原理・原則」はあるのか問いかけてみてください。ビジネスマンなら、日々の業務やプロジェクトに「行動の指針」はあるのか問いかけてみてください。

コンセプトは企業であれば、すべての企業活動に一貫する原理・原則を示したものです。自治体であれば、住民を幸せにする原理・原則、政治であれば国を平和に繁栄させる原理・原則です。

私たちが、何か事を始めるに当たっての、すべての起点と言えるのがコンセプトなのです。

## 「コンセプト」ではなく「型」で物事を進める日本人

コンセプトという言葉を日本語の辞書はうまく意味づけできていないように、**事前に原理・原則つまりコンセプトを立てて物事を進捗させるやり方を、私たち日本人は得意としてきませんでした。**

ご存知のように日本語は主語があいまいなままでも文章が成立します。言語はつくり上げた民族の思考を反映しているわけですから、私たちの文化的遺伝子の中に、そうした傾向が色濃くあることは確かです。コンセプトを明確にして初めて、物事を進めることの多い欧米の人々とはずいぶん違っています。

では、日本人は、どうやって物事を進めてきたのかというと、**さまざまな体験の中から共通する「型」を見出し、その「型」を磨くことで行ってきたのではないか**と私は思います。

日本には、ありとあらゆるところに「型」があります。

柔道、剣道、合気道などの武道。茶道、華道、俳句、和歌などの芸術。お能、狂言、歌舞伎から落語などの伎芸、無数のものづくりや建築などの工芸に至るまで、私たち日本人は多くの創造性を「型」に収斂させています。

「守破離《しゅはり》」という言葉を聞いたことがあると思います。

「守」は師の教えの守り、疑いを挟むことなく、ひたすら技の基本を身につける段階。

「破」は、基本の教えを守りつつも自分の個性や能力を発揮して、技を発展させる段階。

「離」は教えや型にとらわれることなく、そこから離れて自由に自分の世界を創造する段階。

これは武道でも芸術でも「型」を土台に、どのようなステップで成長していくかを教えた言葉です。

**日本文化の多くのものは、この「型」を身につけ、「守破離」のステップを踏んでいけば良いように組み立てられています。**誰でもできるようにと先人たちが普遍的なノウハウを抜き出してくれたのです。

だから「型」通りにやっていくと、どんな人もほぼある一定の状態に達します。

私は、祖父が剣道の道場主だったおかげで3、4歳の頃から小学校6年生まで剣道をやっていました。剣道では素振り、打ち込みと切り返しの稽古を毎日飽きもせず繰り返します。

小学生のときは、放課後いちばん遊びたい時間帯に毎日稽古があるため、嫌でしょうがなかったのを覚えています（笑）。

その程度のレベルなのに、祖父がしっかり剣道の「型」を身につけさせてくれたからでしょう、他の運動や競技ではまったくパッとしないのに、剣道だけは同級生の圧倒的に運動のできる子にも試合で負けることはありませんでした。

幼いなりに相手の次の動きが見えて、先《せん》を取ることができたのです。

これが「型」の威力だと思います。つまり「考えずに自動的に動ける」ということです。**身についた「型」が、状況を頭が判断する前に、動きを無意識のうちに指示してくれるのです。**

トヨタの「かんばん方式」「ジャスト・イン・タイム」も、私は「型」を連想してしまいます。知恵を発揮させるシステムとしての「カイゼン」でさえ、この「型」の中に入っていそうです。

トヨタは「ムダ、ムラ、ムリ」をなくすために「必要なものを、必要なときに、必要なだけ」供給するやり方を、磨きぬいて、企業全体がひとつの生き物のように自動的に動けるようなレベルまで高めています。

たぶん、多くの日本企業、多くの日本人は、仕事の中で自らの「型」を見つけ、それを徹底して磨くことで、イノベーションを成し遂げてきたのでしょう。

「型」を使うことが最高度に効果を発揮したのが１９８０年代までの日本経済躍進の状況だったのだと思います。

注意しなければならないのは「型」は、あくまで〝方法論のエッセンス〟だということです。トヨタで言えば「かんばん方式」「ジャスト・イン・タイム」は、製造するクルマの質を高め、コスト低減に劇的に寄与しますが、レクサスなどの魅力的なクルマがここから生まれるわけではありません。

トヨタのホームページを見ると、豊田章男社長のメッセージが載っています。面白いことに、このメッセージの中にトヨタのコンセプトらしきものは「クルマづくりを通じて社会に貢献する」という創業の理念と「もっといいクルマづくり」という言葉しかありません。

廉価な大衆車から高級車までフルラインのクルマづくりをする巨大な企業として、トヨタ車全体のコンセプトを設定するのが至難であることは理解できます。

しかし〝どんなクルマをつくりたいのか〟ではなく〝どんな姿勢でクルマづくりをするのか〟という言葉が中心に置かれていることに、「型」を突き詰めていく日本的なやり方を強く感じてしまいます。

日本人は、あらゆる可能性を捨てずに、決まり事をあまりつくらずに物事に取り組みます。その体験の中から、方法やノウハウのエッセンスを取り出して「型」とし、そして「型」を磨いていく過程で核心にある考え方をコンセプトとして見出します。

いわば**検証済みの「結論としてのコンセプト」であり「方法論としてのコンセプト」です。**

欧米の人々は、徹底的に議論した上で、原理・原則としてのコンセプトを事前につくり上げます。「体験ありき」ではなく、まず「言葉・概念ありき」であり、**検証を要する「仮説としてのコンセプト」であり「目的・目標としてのコンセプト」**です。

どちらのやり方にも長短があるでしょうが、考えてみると本当に大きな違いです。

## とらわれてしまうという「型」の欠点

通常、**コンセプトは事前に設定されるがゆえに失敗の危険もつきまといます。**それは仮説だからです。ダメだったときは、素早く撤回し、もう一度コンセプトを練り直さなければなりません。

しかし、**仮説、検証を素早く繰り返すことで、いままでにない成果を短期間に得ることも可

**能になります。**

**「型」による事後的なコンセプトは、体験の中から生み出されるだけに失敗の危険は少なくなります。**その代わりに**コンセプト設定までに時間がかかります。**また体験の中から生み出されるだけに**大きな飛躍や斬新な発想も、あまり期待できません。**

特に、このように変化の激しい時代（たとえばシャープ、ノキア、モトローラなどの好況から苦境へ陥る早さ！）には、日本の「型」的やり方は、時間がかかるだけに逆にリスクが大きくなります。

さらに「型」にはまってしまった場合、そこから抜け出ることができにくくなります。１９９０年代以降の多くの日本企業が陥ったワナは、高性能をひたすら追求すればよいという成功体験の「型」から離れられなかったことです。

**本来の「型」は自由自在な境地を目指すものです。**

いま、**世界を見ていると「誰がルールをつくるか」の戦い**です。新しいルールをつくって自分たちに有利な世界をつくっていくことに全力を尽くしています。

たとえばスポーツでのルール変更など、その最たるものでしょう。スキー複合競技、スキージャンプなど、日本がオリンピックなどで強かった種目がルール変更により勝てなくなったことはご存知だと思います。

ルールが変わること、全体の流れがどこに向かっているのかに対して欧米の人々はとても敏感に反応します。どこかで世界はアッという間に変わる場所だと認識しているようです。これは価値観も言葉もまったく違う世界中のさまざまな場所へ、15世紀半ばの大航海時代から出ていって、苦労してつかみ取った彼らの歴史的実感なのでしょう。当然、手痛い失敗も数多く経験しているはずです。だからか目指す方向がダメだと分かったときの、彼らの変わり身の早さには、いつも驚かされます。近年もてはやされる**「プラットフォーム戦略」「デファクトスタンダード戦略」とは、世界のルールと仕組みを、自分基準のものにしようとする意志に他なりません。**

江戸時代のように鎖国し、265年間も平和であった時代を持っているように、私たち日本人は**「世界がこのまま続く」ことを前提に「型」をつくり、極めるクセがある**ようです。

そのせいか**変化する世界に合わせて自らを素早く変えること、物事を組み立てることがとても苦手**です。

2つの方法論の成果のあげ方を簡単な式にしてみると、こんな感じになります。どちらの方式も、取り組む順に項目を並べてみました。

**日本：（A）前提となるルール×（B）「型」の研鑽×（C）コンセプト〈事後〉＝成果**

**欧米：（D）コンセプト〈事前〉×（E）有利なルール化×（F）「戦略」の推進＝成果**

日本方式は、掛け算の（B）勝てる「型」の発見と洗練に全力を注ぎます。しかし（A）のルールには無頓着というか、ルールを変えていくのではなく、ルールにどう沿っていくかという発想で取り組んでいきます。そして事後的にコンセプトを見出しながら、成果を手にします。
欧米方式は、まず（D）の戦略的なコンセプトをつくったら、それに基づき、（E）の自分たちが有利になるようなルールづくりに力を注ぎます。ルールが決まったと見るや（F）に全力を尽くします。

残念ながら、日本方式はあまり掛け算になっていません。どちらかというと（B）「型」の力に頼った成果になりがちです。欧米方式はしっかりと掛け算として成立しています。成果も大きいものになるでしょう。アップル、グーグル、アマゾン、フェイスブックなど圧勝する企業が多く輩出されるのも、そのせいでしょう。

**前提条件やルールが変わると、それまで一生懸命学び、身につけてきた「型」は無力化されてしまいます。**時にまったく役に立たなくなります。「型」の最大の欠点はここにあります。どんなに剣の名人になろうと、機関銃が出現した瞬間に、それは無力化されてしまうのです。

私たち日本人がコンセプトを自由に使いこなして成果を引き出すには、無意識に身につけている「型」にはまってしまう、とらわれてしまう習性を変える必要があります。

そろそろ私たちは「守破離」の〝離〟へと歩みを進めなければならないステージにいるのです。**より自由に、より大胆に「型」を使いこなし、さらに「仮説としてのコンセプト」「目的・目標としてのコンセプト」のつくり方、使い方を身につければ、日本人は確かな変革を起こせます。**

## コンセプトはある日、突然変わる

昔々といっても1970年代ですが、シニア世代は、世の中が「オーディオブーム」に沸いたことを覚えておいでだと思います。

わが家には、私が5歳の頃から、父親がコツコツと趣味的に手づくりした真空管アンプのステレオがありました。おかげで小学校入学前からアメリカンポップスなどに親しむことができました。このステレオは、オーディオブーム真っ只中の、私が高校生、大学生であった時代にも立派に現役で活躍してくれました。

当時は「山水電気」「トリオ」「パイオニア」の3社がオーディオの御三家と称され、高校生でも自分の部屋にオーディオセットを持つことが、ひとつの夢でした。真空管はトランジスタに変わり、スピーカーが4つの4チャンネルステレオも出現しましたが、音楽を聴くメディアはアナログのレコードか、カセットテープしかない時代です。

このオーディオブームと並行して、1960~70年代にかけ、全国各地の都市に雨後の筍のようにジャズ喫茶やロック喫茶ができました。

当時の若者にとって一般的なオーディオ装置というとラジカセと言われたラジオ付きのカセットレコーダーであり、また住宅事情的に障子やふすまのある家が多かったこともあり、市場には「いいオーディオで、好きな音楽を、大音量で聴きたい」という膨大な欲求が眠っていたのです。

1979年、ひとつのオーディオ製品が売り出されます。

ソニーの「ウォークマン」です。カセットの音楽を再生するだけのポータブル・オーディオは、長時間身につけても負担にならないヘッドフォンがついており、生産が追いつかないほどの大ヒットになります。

若い世代の「いいオーディオで、好きな音楽を、大音量で聴きたい」という欲求に応えるばかりか、「場所を選ばすに聞ける」という大きな利便性まで、私たちは手にするのです。

いつでも場所を選ばず、自分の好きな音楽を好きなだけ聴くことが、当時はものすごく新鮮な体験だったことを思い出します。私も、初めて外に出てウォークマンのスイッチを入れ、音楽を流した瞬間、「外界が音楽のただの背景になった」ような感慨を覚えました。さらに外の世界にいるのに、少しだけ自分の部屋とまだつながっているような感覚もありました。それまで私たちは音楽が聴ける場所に居続ける必要があったのです。

ウォークマンは聴く場所を問いませんでした。大げさではなく「音楽の聴き方の革命」が起こったのです。さらにラジオ付きカセットレコーダーでFM番組の音楽を録音、編集し、ウォークマンで聴くという、お金をあまり使わずに音楽を手に入れ、楽しむことも、この時に始まります。

ウォークマンの誕生は3つの意味を持っていました。ひとつは**音楽を聴く行為を「いつで**

**も」「どこでも」に変えたこと。そして、音楽を聴く費用を劇的に下げてしまったことです。**素晴らしい音楽に包まれる体験は、音楽喫茶やコンサートホールに行かなくとも、高価なオーディオ装置がなくても、どこにいようが若者が小遣いで買えるウォークマンのスイッチを押せば済むようになってしまったのです。

さらに**「軽薄短小」と言われたデジタル時代のものづくりの端緒も開いてしまいます。**それは、エレクトロニクス製品をコモディティ（日用品）化させてしまうものづくりです。

ウォークマンは、高音質なポータブル・オーディオというだけでなく、**世界中のオーディオ事業のルール変更、つまりコンセプト変更のスイッチを押した**のです。

## 日本人がつい繰り返してしまうパターン

1980年代に入るとオーディオメーカーの危機が静かに始まります。

1982年に入ると、ソニーとフィリップスが共同開発したCD（コンパクトディスク）が、各レコード会社から発売されます。当初は20万円弱で高価だったCDプレーヤーの価格も、1980年代後半からは劇的に低下していきます。デジタル化の波がすべてのオーディオメーカーを襲います。

1984年に525億円の売上があった山水電気は、このあと急激に経営が悪化し、海外企業の傘下を転々とした挙句、売上は激減します。私は、1987年に一度だけSANSUIブランドの広告を手がけたことがあります。上司といっしょに訪問した社内の雰囲気の暗さに驚いた記憶があります。その後、細々と命脈をつないでいきますが2012年に経営破綻します。破綻前年2011年の年間売上高は1500万円でした。

トリオは海外向けブランド名のケンウッドに名前を変え、カーエレクトロニクス事業などを強化しながら生き残っていきます。いまは日本ビクターに統合され、ブランドとしては名前が残るのみです。

パイオニアはオーディオブームのあとも、高い研究開発力、技術力を活かし、レーザーディスク、世界初の民生用DVDレコーダー、プラズマディスプレイなどの領域に果敢に挑戦をしていきますが、どの領域もことごとく敗退していきます。

いまパイオニアの事業を支えるのはカーナビなどのカーエレクトロニクス事業。5000億円強の売上高の約70%、3500億円をカーエレクトロニクス事業が稼ぎます。かつて主力であったオーディオを含むホームエレクトロニクス事業は20%程度の1100億円前後まで落ちています。

しかし、生き残った会社も厳しい経営状態であることは変わりありません。息をつける事業領域は見出せたものの、次代の柱となる戦略は見出せずにいます。

**オーディオという一分野で起こったことですが、こうやって書いていると既視感を覚えます。**

高度な技術は進化することによって、誰にでも扱えるコモディティ（日用品）になります。誰にでも扱えるわけですから、世界中で新技術による製品開発競争と低価格競争が起きます。ここで勝者となるのは、アイデアと素早い判断で「新コンセプトの製品」を投入できる企業、他社にも参入メリットのあるプラットフォームを構築できる企業、素早く大規模投資を行い、製品やパーツの劇的な低価格を実現する企業です。

2000年代以降の日本の家電メーカー、ソニー、パナソニック、シャープ……。あるいは半導体産業。技術資産や人的な資産はすごいのに、新しいコンセプトと戦略を生み出せていません。コンセプトと戦略を構築できないから経営判断も甘くなり、投資他すべてで遅れを取り、苦境に陥っていきます。たぶん日本のビジネスのさまざまな分野で、同じようなことが次のようなパターンで起こっているのではと想像します。

**① コンセプトが（劇的に、あるいは徐々に）変わる。**

**②　コンセプトの変化を軽視して、旧来の行動パターンを繰り返す。**
**③　苦しい状況に至って、新しいコンセプトの決定的な意味合いに気づく。**
**④　変わらなければならないのに、その決断と行動ができずにさらに苦境に陥る。**

実は、こうしたパターンはビジネスの領域だけで起こるわけではありません。あらゆる領域で起こると言えるでしょう。たとえば、**典型的なパターンが第二次世界大戦中の旧日本軍でも起こっています。**

日本の誇る戦闘機であったゼロ戦は、軽量化などにより空中性能が高く、厳しい訓練によりパイロットの操縦技術も非常に高度なものになっていました。大戦初期は、連戦連勝を続けます。

悩んだアメリカ軍が投入したのが、未熟なパイロットにも扱いやすく攻撃にも強いグラマン社の「F6F戦闘機」、目標物の近くに達すれば当たらなくとも起爆する装置「近接信管」を組み込んだ砲弾などでした。彼らは、訓練による高度な技術がなくとも勝てるように戦闘のコンセプトを変えていったのです。

緒戦で勝利を収めた日本でしたが、戦闘により優秀なパイロットを失っていくと、パイロットの技量に頼りがちで、防御性能の悪いゼロ戦はアメリカ軍に勝てなくなり、最後は特攻隊などの極端な戦法に頼らざるを得なくなります。

中世から、異民族のいる多様な環境に進出していた欧米の人たちは、**流れがどちらに向かうかに非常に敏感**です。さらに、ごく自然に**「推論・仮説、コンセプト・戦略、行動、検証」**で思考しています。また、**ダメだと見るやすぐに捨てて、次の推論・仮説に向かいます。**躊躇がありません。スイッチの入りが非常に早い。ＰＤＣＡ（Ｐｌａｎ、Ｄｏ、Ｃｈｅｃｋ、Ａｃｔｉｏｎ）のサイクルをくるくる回しながら正しい答えにできるだけスピーディに到達することを目指します。

大きな流れを客観的に見て、自分たちがどのように進むべきか、そのコンセプトと戦略

名機と謳われたゼロ戦＝零式艦上戦闘機　©Kyodonews/amanaimages

をつくる、ということが私たち日本人は苦手です。

また、絶えず流動し変化する外部環境というものに、うまく対応することができません。あたふたとしてしまいます。

ただ**能力がないわけではありません。やろうと思えばやれる。明治維新と、第二次世界大戦後の高度成長という素晴らしい達成を持っている**わけですから。そう考えると、そこの**スイッチの入りが重い**としか言いようがありません。「型」の発想でいけば、スイッチの入りが早い「型」を身につけることを意識すべきなのです。

第二章

# コンセプトと失ったものを取り戻す方法

## 資産の棚卸と決断について

巨大な変化を目の前に、新しいコンセプトのもと、果敢に自分自身を変えた企業が日本にもあります。富士フイルムです。

もともと写真のフィルム製造には非常に高度な技術が必要で、世界中でつくれるのは富士フイルムを入れた4社だけ。結局、淘汰が進み、最終的にはコダック社と富士フイルムの2社状態でした。

2000年当時、富士フイルムの売上（連結）は1兆4400億円。その内、写真フィルム関連の売上は2740億円を超えていました。さらに営業利益の約6割を写真関連事業だけで稼ぎ出していたのです。

2000年は、1995年にカシオが世界初のカラー液晶モニターを搭載した一般向けデジタルカメラQV-10を発売して5年目。パソコンの世帯普及率も30%を超え、デジタル化の奔流が一気にさまざまな分野に押し寄せた時期です。

そこからは写真用フィルム関連の売上は坂を転げ落ちるように急落していきます。主要事業が世の中から消滅しようとしているのです。これがどれだけ大変な出来事なのか。2000年に社長に就任した古森重隆・富士フイルムホールディング代表取締役会長・CEOは、そうした状況を**「トヨタに例えれば自動車がなくなるような状況」**だと社員に訴えます。まさに一刻の猶予も許されない企業存亡の危機です。

当時の古森社長兼CEOが行ったのは**徹底的な資産の棚卸**でした。

写真用のフィルムは0・2㎜という薄さのさらに10分の1しかない発色層に、化合物100種類を、粒の大きさまでコントロールしながら、20層に均一に塗り重ねなければなりません。手にすれば、なんということはない丸まったプラスチック状の物体ですが、いかに高度な技術でつくられているかが分かります。

フィルムは「ナノテクノロジー」「コラーゲン」「分子合成」「薄膜加工」「発色・画像」「解析」「生産技術・品質管理」などの技術の集積によって成り立っていました。そして、これらが転用可能なビジネスの種を探っていきます。そのとき、彼らがチェックしたのは「**やれそうか（技術はあるのか）**」「**やるべきか（市場で勝てるか）**」「**やりたいのか（会社の使命か）**」という3つのポイントでした。この3つが揃う分野を2年がかりで定めていきます。

結果、化粧品や健康食品などの「予防分野」、内視鏡や超音波診断装置などの「診断機器分野」、医薬品などの「治療分野」を合わせた「**総合ヘルスケア企業**」というコンセプトを掲げ、新規事業に進出することを決めます。

フィルムからメディカル・ライフサイエンス事業というと、ずいぶん畑違いの進出に思えますが、そうではありません。たとえば1983年に世界初のデジタルX線画像診断システム「FCR」を発表するなど、メディカル分野でも大きな技術的な蓄積があったのです。さらに化粧品分野への進出も、フィルム自体がコラーゲンでできており、その酸化防止の技術やノウハウの蓄積があったことで最終的に判断したことなのです。

**技術の資産から見れば「総合ヘルスケア企業」というコンセプトは、まったくブレがありません。**

5000人規模の人員削減も二度ほど行いながら、重点分野に集中的に人材も資金も投入します。2001年には富士ゼロックスを連結子会社化。注力する事業分野を6つと定めます。2012年度の富士フイルムの連結売上は2兆2147億円、営業利益は1141億円を稼いでいます。写真フィルム関係の売上はもはや1%程度。10年ほどで見事に巨大なルール変更を乗り切ったのです。

この逆のパターンになってしまったのが、もうひとつの写真フィルムメーカーであったフィルムの巨人、イーストマン・コダック社です。

最盛期はアメリカ国内での写真フィルムシェアが90%、カメラシェアで85%、社員14万5000人を抱える大企業でした。1990年代までは世界でもっとも価値のある5つのブランドに数えられていました。しかし、2012年1月19日に、裁判所に連邦倒産法の適用を申請します。破綻時の社員数は1万5000人でした。

1975年にはデジタルカメラを開発し、1979年には2010年までにはすべてがデジタル化すると同社幹部が（いま思えばかなり正確な）未来予測をしていながら、そのすべてをふいにするのです。なぜなのでしょう。

2000年時点では富士フイルムと同じような技術的資源、ブランドイメージ、シェア、売上にあったのです。しかし、結局、自社の資産をどのように活かせるか徹底的な棚卸もせず、明確なコンセプトと戦略を策定できませんでした。またスピード感、切迫感をもって事に当たりもしませんでした。結果、2005年の売上143億ドルを境に業績は急落していきます。

皮肉なことに、その翌年の2006年2月13日付けのコダック社のプレスリリースが、「Global 100 Most Sustainable Corporations in the World（世界で最も持続可能性のある企業100社）」に自社が2年連続で選出されたことを伝えています。

富士フイルムの「第二の創業」と呼ばれる改革がスタートしたのが2000年ですから、この5、6年の時差が決定的だったのかもしれません。

プレスリリース発表から6年後、コダック社は倒産しています。

富士フイルム関連で3万人、すべての連結子会社を含めた従業員数8万人の舵取りがどれほど大変だったか、私には想像することもできません。まだ道半ばとはいえ（2012年の売上から富士ゼロックス分を引くと2000年の売上に2000億円弱ほど足りません）、古森さんに率いられた富士フイルムが一丸となってやり遂げたことは確かです。

私は、たまたま２００８年、２００９年と、富士フイルム・メディカル事業のブランド・コンセプト映像、製品映像をつくらせていただきました。そのときに、もう写真フィルム事業では食べていないことに驚くと同時に、医療系機器の高度な技術力にも舌を巻いた記憶があります。いま思えば、変化の真っ只中であったのかもしれません。

こんなときにこそ、チャールズ・ダーウィンが言ったと言われる、あの言葉を思い出します。

**「もっとも強い種が生き残るのでも、もっとも賢い種が生き残るのでもなく、唯一変化に敏感に反応する種が生き残るのです」**

## よそ者、若者、バカ者のコンセプト

厳しい環境に置かれているのは企業だけではありません。日本各地の地域も、過疎化、高齢化、また地域を支える基幹産業の衰退に頭を悩ませています。

私が小学校まで育ったのは長崎県の五島列島。日本の西の端に位置する島です。私はその中でも北にある中通島の奈良尾町というところで育ちました。

当時は、まき網漁がさかんで、東シナ海を漁場にいくつもの船団が1ヵ月ほど出かけてアジなどを水揚げしていました。西日本でも屈指の遠洋まき網漁業の基地で、1970年代半ばから80年代までの水揚げ高は年間で百数十億円を超していました。大変活気のある町だったのです。しかし、燃料費の高騰、船員の高齢化、漁獲量の減少などでここ20〜30年ほどで、かなりの漁業会社が廃業してしまいました。

いまは墓参りなどでたまに戻っても町は閑散とし、人影が見えません。商店街も8割以上の店が閉じてしまい、空き家も数多くなっています。地区の人口は1000人台ではないでしょうか。自分の故郷が寂れていく光景は本当に悲しいものです。

最大の町である下五島・五島市でも、1970年代は7万人近くいた人口が4万人前後にまで減少しています。日本各地で、このような状況は広がっているはずです。

この五島の、さらに田舎に当たる場所に「小値賀島《おぢかじま》」という島があります。グーグルマップに「小値賀島」と打ち込んでみてください。

私が住んでいた中通島の、さらに北にある面積12・22km²、東の端から西の端までクルマで20分もあれば行けるような小さな島です。1970年代には7500人を数えた人口がいまは約3分の1。人口は2693人。高齢化率は長崎県一の42・3%です。

この小さな島が、いま観光の取り組みで全国から注目を浴びています。ここにコンセプトづくりのヒントが隠れているので、ちょっと見てみましょう。

きっかけは島外からIターンで移住してきた高砂樹史さんご夫妻。最初は観光に携わるつもりはなかった高砂さんでしたが、子どもにとってのふるさとである島を無人島にしないためには、と徐々に事業を手がけ始めます。2001年に隣の野崎島にある廃校を宿泊施設に改装し、「島の自然学校」を設立。これを手始めに島の人たちに協力してもらいながら民泊や農漁業の体験メニューを整備、さらに2007年には自然学校、民泊組織、観光協会の3つを統合した「NPO法人おぢかアイランドツーリズム協会」を設立します。

離島はどこでも同じ問題を抱えています。若い人が島に残りたいと思っても、仕事がないのです。おぢかアイランドツーリズム協会のミッションは「**観光を産業にして外貨を稼ぎ、若者の雇用を作り出す**」こと。高砂さんは「**マチとムラが共生できる社会を創ること**」を事業コンセプトに、そして豊かな自然と半農半漁の自給自足の暮らしを味わってもらう「**エコツーリズム**」を旅のコンセプトに、プロジェクトを推し進めます。

その結果、2700人ほどの島に修学旅行生や世界からの観光客1万数千人がやってくるようになりました。観光の総収入は2億円を超えます。そして、島の観光窓口である、おぢかアイランドツーリズム協会は、常時20名を雇えるようにまでなるのです。

その取り組みが評価され、２００８年から「ＪＴＢ交流文化賞最優秀賞」「オーライ！ニッポン大賞内閣総理大臣賞」「毎日新聞グリーンツーリズム大賞」などを受賞します。

２０１０年には東洋文化研究者のアレックス・カー氏と組んで、町に残る捕鯨時代の豪奢な民家を再生し、宿泊施設やレストランとする、新しい島旅事業「大人の島旅」もスタートしました。

コンビニもない小さな島にあったのは「何もない半農半漁の暮らし」でした。それは、いまでは本当に見ることのなくなった、日本の昭和から続く「日本人の自然な暮らし」だったのです。**島の人がまったく価値があると思いもしなかったものに、高砂さんは価値を見出した**のです。

「観光を産業にして外貨を稼ぎ、若者の雇用を作り出す」をビジョンにすることも、「マチとムラが共生できる社会を創ること」を事業コンセプトに「エコツーリズム」を行うことも、小値賀の人たちは想像もできなかったに違いありません。これは島の人の能力の問題ではなく、そうした視点を持つことは、どんな環境にいても内部にいる人にとっては、大変に難しいことなのです。

**島の人の暮らしそのもの、当たり前の日常が最大の観光資源である。**この発見が高砂さんによってなされたときに小値賀のプロジェクトは、ゴトリと動き始めたのです。

**コンセプトづくりや戦略づくりに、外部的な視点が、いかに大事かが分かります。**

人は往々にして自分の美質に気づきません。地域づくりに必要な人材は「よそ者、若者、バカ者」と言うそうです。つまり**「よそ者＝外部の視点」「若者＝過去にとらわれないエネルギー」「バカ者＝既存のルールを破壊し、再創造する」**です。

富士フイルムも「よそ者、若者、バカ者」の視点で自分たちの資産を検証しています。でなければフィルム会社から化粧品の発想は出ようがありません。

**日本人と欧米人のコンセプトづくり、戦略づくりの差は、これらの視点を「思考のクセとして持ち合わせているかどうかの違い」**だけなのです。

特にアメリカは多くの国からの移民によって成立した国家です。誰もが日常的に、外部の視点、過去にとらわれない視点、既存のルールを壊す視点に接しています。せざるを得ない環境です。彼らが根本的なフレームで考え、優れたコンセプトや戦略を創造できるのも、この環境の影響が大きいのではないでしょうか。

そして、同質的な社会で、外部的な視点に日常的に接することのない日本では、そうした能力が育まれにくいのも事実です。しかし、できないことはありません。

なぜなら、日本に数万人いると思われる、私も含む大勢のクリエイターは、職業的に、**そうした視点を持つように訓練され、結果的に持てるようになっているからです。**この本を書く理由も、実は、そこにあります。「思考のクセ」と言ったように、**クセづければいいだけの話**なのです。

## 無印良品のたった一文字に込められたコンセプト

ここで、もう一社、よく考え抜かれたコンセプトで、斬新なビジネスを起こし、世界に進出しているブランドのことをお話ししましょう。「プロローグ」でも取り上げ、本のタイトルにもなっている無印良品です。

無印良品は、1980年、西友のプライベートブランドとしてスタートしました。企画段階では「良品質イメージを損なわせない構造的な廉価商品の提供」をコンセプトとして掲げます。

取扱商品は日用生活雑貨9品目、食品31品目。初期のヒット商品は「割れ椎茸」です。出荷時点ではじかれた、割れた乾燥椎茸を、形は不恰好で不揃いだけど、味は変わらないと売り出したものでした。

時代的には日本経済が活気に満ちた頃で、欧米の高級ブランド、つまり「有印良品」が日本に一気に押し寄せた頃に重なります。その流れに逆らうかのようにアンチブランドとして立ち上がったのです。

「生活者が本当に必要とするものを、ムダのない必要十分な機能とカタチでつくり、提供する」という「無印良品」のコンセプトは、この秀逸なネーミングを使うことによって磨かれていきます。現在では、生活のあらゆるものを提供する、唯一無二のブランドになっています。

**ブランドのプロの目で見ると、無印良品はブランドづくりの常識から逸脱しています。**世にある多くのブランドは一度世間で名が知られ、価値が認められると、そのブランドの名前を冠した、さまざまな商品を発売します。

たとえば存在感が薄くなったと感じるファッション・ブランドを思い浮かべてください。

初期には服だけだったものが、そのうちにバッグ、靴、化粧品……とブランド名が冠されて売られたりします。さらに傘、文具などの日用品へと広がっていきます。

最初の頃は物珍しさもあって売れます。まだ、ブランドの力がそがれていないからです。でも次第に、**商品の幅が広がる（これをブランドの拡張と言います）ほどイメージが薄まり、ブランド力が落ちていきます。**こうして見向きもされなくなるブランドは無数にあります。

無印の取扱品目は7000点以上もあります。それもジャンルも用途もバラバラです。**なぜ、無印良品のブランド力は落ちないのでしょうか？**

それは、**売っているのが「たったひとつの商品」**だからです。

彼らは、それを「感じの良いくらし」と表現しています。私なりに翻訳すれば「ほど良

ヨーロッパでも好評の無印良品／写真はドイツのデュッセルドルフ店
（出典：http://commons.wikimedia.org/wiki/File:Muji_Store_Duesseldorf_innen.jpg）

い美意識のある生活」でしょうか。**唯一の商品、それは「無印良品のくらし」なのです。**

無印良品では、すべての商品が、無印良品が考える「くらし」を実現するために開発され、売られています。その「くらし」は、いわゆる主張のある何々ふうではなく、また華美でもチープでもなく、ごく自然な、無理をしない「感じの良いくらし」です。

この一点において、無印良品はまったくと言っていいほど、ブレがありません。誕生以来、スコープの照準は、その一点に合わされています。

こうした考え方が分かる素晴らしい文章が、無印良品のホームページの中に掲載されています。少し長いのですが冒頭から三分の一ほどを引用してみましょう。

**無印良品はブランドではありません。無印良品は個性や流行を商品にはせず、商標の人気を価格に反映させません。無印良品は地球規模の消費の未来を見とおす視点から商品を生み出してきました。それは「これがいい」「これでなくてはいけない」というような強い嗜好性を誘う商品づくりではありません。無印良品が目指しているのは「これがいい」ではなく「これでいい」という理性的な満足感をお客さまに持っていただくこと。つまり「が」ではなく「で」なのです。**

しかしながら「で」にもレベルがあります。無印良品はこの「で」のレベルをできるだけ高い水準に掲げることを目指します。「が」には微かなエゴイズムや不協和が含まれますが「で」には抑制や譲歩を含んだ理性が働いています。一方で「で」の中には、あきらめや小さな不満足が含まれるかもしれません。従って「で」のレベルを上げるということは、このあきらめや小さな不満足を払拭していくことなのです。そういう「で」の次元を創造し、明晰で自信に満ちた「これでいい」を実現すること。それが無印良品のヴィジョンです。

（http://www.muji.net/message/

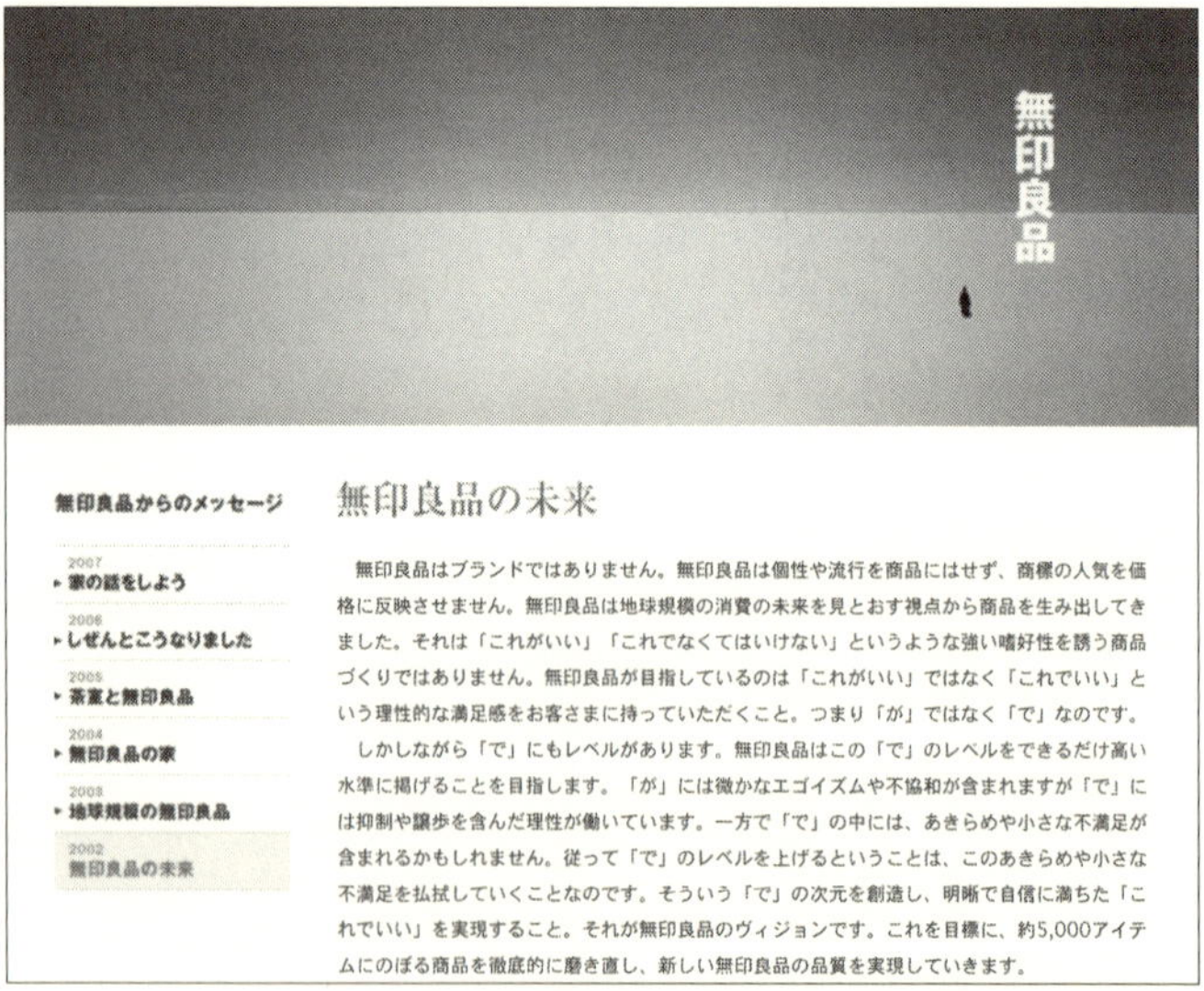

（出典：http://www.muji.net/message/future.html）

future.html「2002　無印良品の未来」より抜粋）

**「これがいい」ではなく「これでいい」。**

**たった一文字の違いですが、この「で」は、私たちの消費社会に対する高度な批評になっているばかりでなく、無印良品が設立以来、突き詰めてきたコンセプトのエッセンスが示されています。**

私たちを取り巻く世界が基本的に「これがいい」である限りにおいて、「これでいい」無印良品の良さは、その対立の構図から自然に浮かび上がってきます。商品そのものが価値をしっかりと示せているから、ほとんど広告がいりません。お店や商品が広告として機能するのです。

右の文章はアートディレクターの原研哉さんが無印良品の広告用に書いたものですが、「これでいい」は「わび、さび」から「用の美」などにつながる、日本人のものの捉え方や美意識を抽出しているように思われてなりません。

この「で」として凝縮されたコンセプトは、日本企業がつくり出した無数のコンセプトの中でも、最高傑作ではないかと私は思います。

## 突き詰めたコンセプトが持つ力

「生活者が本当に必要とするものを、ムダのない必要十分な機能とカタチでつくり、提供する」ことは、他の企業にもできるかもしれません。

無印良品が優れているのは、「これでいい」の「で」という**コンセプトを徹底的に追求する仕組みを持っている**ことです。つくり出しただけでなく、使っていく方法論を持っているということです。

たとえば、商品の企画は社内で決定されても、最後に外部の優秀なプロダクトデザイナー、グラフィックデザイナー、クリエイティブディレクターなどから構成されるアドバイザリーボード（2013年現在は小池一子、杉本貴志、原研哉、深澤直人各氏の4名）による「商品判定会」による厳しい判定を経て、初めて世に出されます。

商品の機能やつくりもそうですが、なぜその商品を無印良品が出さなければならないかが問われるわけです。

また、お客様の要望を吸い上げて、商品開発を促す仕組みも整えています。

さらに、世界の優れた日用品から学び「無印良品」のフィルターを通して商品化する

「Found MUJI（ファウンド ムジ）」や無印良品のコンセプトに共感する世界の優れた才能や知恵による「World MUJI（ワールド ムジ）」などの取り組みから商品の開発を行っています。

いま私の手元には、おそらく無印良品で、もっとも安い商品だと思われる缶入りの「炭酸ソーダ」があります。価格は50円です。一方、デスク脇の本棚には無印良品の家づくりのカタログが置いてあります。家なので基本的にはオーダーメイドですが、カタログを覗くと２０５９万円と値付けをされた家屋の写真があります。

面白いことに50円はもちろんですが、２０５９万円の家も高いという感覚はありません。**すべての商品が「必要十分なクオリティと使い勝手、満足感に適した価格」で提供されているはずだという安心感があります。**価格への疑いが生じない。嘘がない、と言ってもいいかもしれません。

これは、たゆまず「これでいい」の「で」を高めてきた結果でしょう。

無印良品の商品は、たとえ安かろうが高かろうが、適した価格、適正な価格である「適価」だと、私たちは無意識に捉えているのです。

「良品質イメージを損なわせない構造的な廉価商品の提供」でスタートして「これがいい」で

はなく「これでいい」へのコンセプトの進化と深化は、大もとの無印良品という枠組みがあるにせよ、本当に見事です。

**誕生したコンセプトを、つねに突き詰めてきたからこそ、無印良品は消しゴムから家までをつくり、売ることができる**ようになったのです。

ビジネスの常識では、先ほども述べたように、こうしたブランド拡張は推奨できるものではないのですが、無印良品では、それが逆にブランドを強化する方向に進んでいます。それは**「これでいい」を追求することでもたらされた「くらし方」を売っている**からに他なりません。

2013年度現在、無印良品のお店は商品供給店も含めて、日本とそれ以外の世界23ヵ国に計602店舗。展開する良品計画の2013年度売上予測は約2055億円。3期連続2桁増益での過去最高益更新を目前にしています。

## プロデューサーの視点でコンセプトをつくる

いま、世界のビジネスシーンで全盛の方法論は、1960〜80年代にかけ、ものづくりで破れたアメリカが、その後、必死で考えたものです。それは、自分たちがコンセプトと戦略をつくり、それに沿って生産は外部の、もっとも品質とコストがこなれたところに任せる、というやり方。アップルを代表に、ほとんどのグローバル企業が行っている方式です。日本で言えばユニクロがこれに当たります。デジタル化、モジュール化されて世界各地に移植が可能になった生産技術が、これを可能にしています。

簡単に言えば「ソフトは内で、ハードは外で」という方法論です。

これは映画のプロデューサーのようなスタンスと言ってもいいでしょう。

プロデューサーは自分で映画をつくっているわけではありません。実際につくるのはキャスティングされた監督であり、カメラ、照明、セットなどのスタッフであり、俳優です。しかしプロデューサーはどの原作に、どの脚本家をつけ、どの監督で撮ればよいのかを判断し、お金を集め、映画をキックオフさせます。ストーリーの中で何が起こり、どのようなラストを迎えるのか。それが観客に何をもたらすのかまで、現実のシナリオを検討します。

スポットライトを浴びるのは監督や俳優たちですが、映画の成果をもっとも享受できるのはプロデューサーなのです。

外部の視点が大事だと、先ほどの「よそ者、若者、バカ者のコンセプト」でも述べましたが、

**プロデューサーは全体を引いて見るクセを持たないと務まらないでしょう。それでいて色々な人を巻き込んでいく情熱がないとプロジェクトに命が吹き込まれません。**

**クールな頭と、ホットな心が必要なのです。**

たとえば、ここ30年でコンピュータの製造販売で世界有数の企業になったＤＥＬＬのアイデアは、トヨタの生産方式がヒントになっていることをご存知でしょうか。

ユーザーのオーダーに対して、必要とする部品やパーツを1個ずつラインに流して最終の製品を組み立てていく、ＢＴＯ（Build to Order）とも呼ばれる受注生産方式。まさにＤＥＬＬのやり方です。

創業者のマイケル・デルが、トヨタの生産方式をコンピュータの製造に応用できることに気づいたおかげで、１９８４年にたった１０００ドルの資金を元手に創業された会社は、２０１２年には6兆２０００億円（1ドル１００円換算）以上の売上を誇るようになります。「コンピュータの直販・ダイレクトモデル」というビジネス・コンセプトは、コンピュータ製造・販売の世界を変えてしまいました。

彼はトヨタの生産方式を「クルマの生産方式」ではなく、「共通化した部品があればどんなオーダーにも応えられる生産方式」として捉えたのです。そして、部品の性能向上と価格変動が激しいコンピュータに適していると考え、在庫を極力少なくし、それらの変動をすぐに反映できる直販のBTO方式を築いてきたのです。

**新しいコンセプトや戦略は、低い目線で、狭い領域を見ていては絶対に生まれません。**競争のルールを変え、世界を変えていくには（そういった大きな志を抱いていることが前提ですが）、**物事をいったん分解して本質を取り出すこと、さらに取り出したいくつかの本質を組み合わせて、新しい仕組み、体験につくり上げていく作業が必要**です。

スティーブ・ジョブズのアップルが偉大であったのは、こうしたことをテクノロジー、顧客体験、ビジネスモデルすべての領域で成し遂げたからなのです。

## 取り戻したい「とりあえずやってみよう精神」

私の歳若い韓国人の友人を見ていると、ひょっとして高度成長期の日本人は、こうでなかったのかと思うことがあります。一人はシカゴ大学で映像を学び、ソウルで映像制作の会社を経営する30代の男性。もう一人はバークレー音楽院で学んだ、その会社の副社長でアニメ音楽やCM音楽の制作を手がける50代の作曲家。

大学の先生の紹介で知り合った彼らは、会社設立当初から、韓国国内でビジネスを完結しようとは考えていませんでした。高度なＣＧ技術や映像製作のノウハウを持っていることを強みに、最初から日本、中国、東南アジアやハリウッドとの仕事を前提にビジネスを進めようとしていたのです。

韓国の人口は約５０００万人。経済に勢いがあっても、もともとの市場規模は日本の半分以下です。大きな利益をあげようとするなら、海外に目を向けるのは自然なことです。

基本にあるのは「ダメもと」。ダメでもともとだから、とりあえずやってみようの精神です。５、６年ほど前には携帯電話のメールの内容に応じて、ピッタリの広告を配信するシステムなどを開発し、日本や中国に売り込みをかけていました。その他にもデジタルサイネージの新しいメディアを開発して売り込んだり、とにかく「ダメなら次」の姿勢なのです。

その姿勢が、とにかく新鮮に映りました。逆に言うなら、それが新鮮に映るほど私たちは**「とりあえず、やってみよう」という精神**をなくしているのかもしれません。

失うものがなかった戦後の日本は、ハングリー精神のかたまりでした。欧米に追いつき追い越せで目標も明確でした。そして何にでもトライ＆エラーで、すぐに行動する俊敏さがありました。

たとえば、液晶は19世紀後半にオーストリアの植物学者によって発見されたものでした。その後、アメリカのエレクトロニクス企業であったＲＣＡの研究所が、１９６８年に世界初の液晶ディスプレイの開発に成功します。この後すぐ、懇意の関係にあった日本の家電メーカー・シャープが、ＲＣＡに電卓用液晶の開発をお願いしますが「液晶は応答速度が遅いので電卓には向かない」と断られてしまいます。そこで、シャープの技術者たちは、その技術を土台に研究を進め、１９７３年世界で初めての電卓用液晶ディスプレイの開発に成功するのです。

ダメだったら次がある。１９６０年代、70年代。各分野の日本企業にはこうした話がごろごろと転がっていたに違いありません。

日本も日本企業もバブル期まで圧倒的な成功を収めたがゆえに、その後、**失われた20年を経ても、まだ「守りの姿勢」を変えられていない**と私は思います。戦後の創業者世代がいなくなり、サラリーマン社長が多くなったせいでしょうか。

いま、「とりあえず、やってみよう」という精神は、アメリカの起業家や、韓国や中国の企業には色濃く感じますが、ごく一部を除き、日本企業からは失われたように見えます。

**この精神の喪失は、日本の企業から「スピード」という大切な資質を失わせています。**

日本人は、本来とても学び好きの国民です。外の世界に学ぶべき対象があったときの日本人の強さといったらありません。

私がいつも感嘆するのが日本で食べられる料理の多彩さとレベルの高さです。

ミシュラン２０１４年度版「東京・横浜・湘南」「関西」に加え、２０１２年度版「北海道」、２０１３年度版「広島」を合わせた三ツ星店の総数は33店舗。その他の地域を入れなくても、三ツ星店の数では日本がフランスを抜いて世界一です。

フレンチ、イタリアン、中華……。どの料理分野にも世界でもトップクラスの日本人シェフがいます。

これがどれほど異常なことなのか逆の想像をしてみると分かります。

たとえばフランスの地方都市にフランス人の寿司職人がいて、銀座のお寿司屋さんと変わらないような見事な味の寿司を、磨き抜かれた白木のカウンターで出している。そこでドーバー海峡の平日の握りを、日本からやってきた日本人親子が舌鼓を打って食べているところを想像できるでしょうか。

私たちは料理の分野では、このようなことを平気でやっているのです。

本物を徹底して追求せずにはいられなくて、ディテールに凝る、オタク的な国民性が料理分野では好循環を起こしているのでしょう。

日本人は先達がある場合、そこから学ぶことにおいては世界トップクラスの技術を持っています。

ちょっとしたマインドセットで、**組織がトライ&エラーを許す土壌を取り戻せば、私たちはアッという間に、いまの中国、韓国に対しても、学びを発動させるのではないでしょうか。**

「とりあえず、やってみよう」でアプローチすれば、ＰＤＣＡのサイクルが速く回せます。結果が出なければ、次へと手法を変えてみるのです。

もちろん、コンセプトや戦略の検討は必要です。しっかりとした仮説から、それらを導き出さねばなりません。しかし、その後は「とりあえず、やってみよう」なのです。

仮説に応じて、時には小さなテストを市場で行ってください。**私たちに、いま圧倒的に欠けているのは、小さな失敗を繰り返す自由と、失敗からコンセプトや戦略を強いものに仕上げていく取り組み。**組織のフットワークの良さはスタッフの心を軽くし、燃え立たせる効能があります。

そのとき日本人は、失いかけていた「スピード」と「やる気」を取り戻すはずです。

楽観的すぎるかもしれませんが、私はそう思っています。

第三章

# コンセプトをつくる前に知っておくべき7つのこと

## コンセプトの4つの働きと3つの性質

第一章と第二章を使って、いかにコンセプトが大切か、また私たち日本人がなぜコンセプトをつくり、使うことが苦手なのか。どこに突破口があるのかを見てきました。

この第三章では、コンセプトそのものが持つ働きや性質を明らかにしていこうと思います。

コンセプトは「目的を達成するための原理・原則を短く明確に表現した言葉」です。

クリエイターとして、コンセプトには日常的に接してはいるものの、私自身も、どのような働きや性質を持っているのか、突っ込んで考えることは、あまりありませんでした。それがブランドづくりを人に教えるようになって、コンセプトにはいくつもの働きや性質があることに気づき始めたのです。

もちろん、働きや性質を知らずにコンセプトをつくることも、使うこともできます。しかし、それは食材のことを知らずに料理をつくったり、何の道具か分からずに工作を始めたりするようなものです。きちんと働きと性質を知って、つくり、使うのとでは、引き出せる力がまったく違ってくると断言できます。

私が自分の経験から導いたのは、以下の4つの働きと3つの性質です。まずは、これらを頭に入れておいてください。

**働き**

1. 力を束ねる
2. 在り方を決める
3. 行動を指示する
4. 価値を最大化する

**性質**

1. 本質とつながっている

## 2．寿命がある
## 3．決断に左右される

これらの働きと性質を見ていると、私は、憲法を思い浮かべてしまいます。憲法は、国の姿を決める最高法規です。まさに国民の力を束ね、在り方を決めます。そして一人ひとりの行動指針であり、国や国民が持つ資質を花開かせ、価値を最大化する働きを持っています。

コンセプトも同じです。

ビジネスのいちばん根幹にあって、すべての行動や考え方の土台として機能します。会社の成り立ちや本質とつながっていなければなりません。当然、寿命もあります。そう考えると、コンセプトは、ビジネスのための「20文字の憲法」と言ってもいいかもしれません。

コピーライターの仕事をしていると、短いキャッチフレーズがイメージを呼び起こしたり、気づきを与える力に驚くことがあります。しかし、優れたコンセプトには、ビジネスを動かすといった意味では、その数百倍の力があると思います。

ここで取り上げる4つの働きと3つの性質は、コンセプトをつくって、使いこなすための大前提となるもの。どういう働きなのか、どんな性質を持っているのか、しっかりと見ていきましょう。

## 第一の働き　「力を束ねる」

小学生のときを思い出してください。いま手元に虫眼鏡があるとしましょう。近所の文具店で買った100円くらいの薄いレンズの付いた虫眼鏡です。あのレンズを屋外に持ち出し、太陽の光を集めて、新聞紙などに当てると、ものの10秒で燃え出しましたよね。あの「レンズ」がコンセプトです。燃え立たせたのがコンセプトの力です。

つまり、**やることを明確にすれば、ひとつひとつは弱い力でも一点に集中することによって、まったく違う次元の結果を得ることができる**のがコンセプトの第一の働きです。

ただの太陽の光も、レンズ【コンセプト】を使って光を束ねることで数百度になります。焚き木に火をつけ、1000人分の味噌汁だってつくることもできるようになるのです。

**明確なコンセプトは、力を一点に集中させます。その結果、すべての活動に大きな推進力を与えます。コンセプトには力を束ねる性質があるのです。**

たとえば1960年池田勇人内閣のもとで策定された「国民所得倍増計画」。コンセプトであり、キャッチフレーズであった当時の長期経済計画の名前は、国民に明確な目標と希望を与えました。高度経済成長は産業を発展させることが目的なのではなく、すべての国民の生活水準を大幅に引き上げることを、目標にしていると宣言したのです。

当然、当時の成長具合から達成可能な数値を導き出したとは思いますが、それを〝所得倍増〟と分かりやすくイメージできる言葉で伝えたことに大きな価値があります。これは成長に対する大きなモチベーションを引き出し、その結果、当時の国民総生産を目標の3年前倒しの1967年までに倍増させることに成功するのです。

ちなみに1960年当時、大卒男子の初任給平均は1万6000円程度。それが1970年には4万円を超えるようになります。これは企業のみならず、国民一人ひとりのやる気を引き出した名コンセプトと言えるでしょう。

**良いコンセプトを持つことは、自らの力にレバレッジをかけることに他なりません。**

そして、信じられないほどの成果を手にすることができるのです。企業で言えば、数億円から数千億円の利益を、それも継続的に手にすることも可能なのです。

## 第二の働き　「在り方を決める」

この働きを、スターバックスを例に見てみましょう。

スターバックスは店内が禁煙です。しかし、日本人の喫煙率はまだまだ高く、男女合わせて、10人中4人がたばこを吸っています。日本では、同じような業態では喫煙スペースを設けているところがほとんどです。

コーヒーショップという業態を考えると、喫煙者をしめ出すことは多くのお客様を失います。しかし、スターバックスは喫煙スペースを店内につくりません。さらに、本格的な食事やアルコールも提供しません。ほとんどのコーヒーチェーンがフランチャイズ方式を採用している中で、スターバックスは例外的な出店を除いて効率の悪そうな直営店方式を崩しません。

なぜなのでしょう?

その秘密は「3rd　Place」という言葉にあります。

訳せば「第三の場所」。スターバックスのCEOハワード・シュルツさんが構想したコンセプトです。

第一の場所〝自宅〟でもなく、第二の場所〝会社〟でもなく、くつろげる「第三の場所」がスターバックスである。そこは、安心してゆったりとくつろげる場所でなくてはならない、とスターバックス自身が自らを規定した言葉です。

**コンセプトは、企業や事業、商品の在り方を決めます。つまり世の中で「どのような存在なのか」、あるいは「どのように存在すべきか」を明確に発信します。**

「第三の場所」なら食事をしながらくつろぎたい、という声もあるはず

アメリカのシアトルからまたたく間に全世界へ
（出典：http://commons.wikimedia.org/wiki/File:Starbucks_in_WashingtonDC.jpg）

です。しかし、きちんとした食事を提供すると食事目的の使われ方が増えます。するとオペレーションは複雑になり、いままでにない匂いや音も加わります。

他のファストフードチェーンや食事も提供するコーヒーチェーンの利用の仕方を考えてみれば、すぐ分かりますが、お客様もくつろぐためというより、簡便な食事処として捉えて活用するようになります。安心はできるが、ゆったりとくつろげる場所でなくなる可能性が高いのです。

もちろん、アルコールの提供も、そう。匂いや音に加え、アルコールを摂ったお客様の軽い興奮状態の声なども気になってきます。お酒に合った軽食の提供もする必要があるでしょう。やはり安心してゆったりとくつろげる場所でなくなる可能性が高いのです。

スターバックスの他の特長を見てみましょう。

たとえば、バリスタ。コーヒーをいれるプロフェッショナルを置いて、あの価格帯を超えて最高の味の飲み物を提供しようとしています。コーヒーはつくり置きではなく、オーダーを受けてからいれます。また、お客様からの細かいオーダーにもできるだけ応えられるように、サイズは4種類もあり、ミルクなどを豆乳や無脂肪乳に変えたり、温かさを調整したり、コーヒーの増量やシロップやクリームの追加もできるようになっています。

店内は落ち着いたグリーンを基調としており、イスやテーブルもしっかりとデザインされたものが多く配置されています。店内は、ほの暗い店舗が多く、入口から入ると違う空間に入った印象になります。時には店内でミニコンサートが行われていたり、お店そのものが本屋とスペースを共有し合ったりしています。

すべての特長が「第三の場所」というコンセプトから発した施策になっていると思いませんか。

スターバックスの本当の商品は「安心してゆったりとくつろげる時間」と捉えることもできます。コーヒーや軽食は、極論すれば、お金を発生させる装置です。くつろぐ時間を最高のものにするために、あの店舗デザインとバリスタがあり、本格的な食事やアルコールは提供しない必要があるのです。

「3rd Place」というコンセプトは、**「どういう在り方ならお客様に愛され続けるか」を考えて生み出された言葉**です。**コンセプトは、ビジネスや組織の在り方を決めます。**

**何かに迷ったとき、自分にブレを感じたときには、「3rd Place」というコンセプトに戻って、すべてを判断すればよいのです。**

## 第三の働き　「行動を指示する」

私が、なるほどと唸ったコンセプトに、1990年代に標榜され、実行されたと聞く、ポルシェのものがあります。そう、クルマのポルシェです。

私の記憶の中にあるポルシェは壊れやすいクルマです。ずいぶん前に、六本木の飯倉交差点付近で止まってしまったポルシェを見たことがあります。困惑した顔のオーナーがクルマのまわりをうろうろと歩き回っていました。

20年以上も前に、イタリアのトリノにあるフェラーリの工場を見学したことがあります。大勢の職人さんがテスタロッサを、まるで大切な伝統工芸品でもあるかのように、1台1台慈しむようにつくっていました。大変な労力と神経を使ってつくられていることは、その光景から理解できました。数万の部品でつくられたガラス細工のようなもの、という印象です。だから、ポルシェやフェラーリのようなプレステージ・スポーツカーは、そのようなもの。壊れやすいものと思っていました。

1990年初頭、ポルシェは酷い業績にあえぎます。原因は生産性の低さと高コストの体質。できたてのポルシェの大半が問題を抱え、修理を要していました。

当時のポルシェの状態が、CEOだったヴェンデリン・ヴィーデキングさんの著書『逆転の経営戦略　株価至上主義を疑え』(二玄社、2008年)に書かれています。

「1980年代末、納品が3日以上遅れたパーツは全体の20%に達し、納品されたパーツの三分の一に数量の過不足があり、100万点あたり1万点のパーツに不良があった」(同書p.208)

対して当時のトヨタは100万点で不良はわずか5点。99%の納品は時間通りで、数量にも間違いがありません。

1992年にCEOに就任したヴェンデリン・ヴィーデキング氏は、名門ポルシェを復活させるための一手を、日本車のような低コスト、高品質な生産の実現だと見定めます。日本メーカーをお手本に、ポルシェの品質と、ひいては企業体質の改善に突き進むことを決めます。いわゆる〝カイゼン〟〝ジャスト・イン・タイム〟〝ゼロ・ディフェクト〟の導入です。

そこで掲げたブランド・アイデンティティ、つまりブランドのコンセプトが「壊れないプレステージ・スポーツカー」※でした。

当時のポルシェの人たちは面食らったでしょう。プレステージ・スポーツカーとして世界に君臨してきたポルシェはデリケートなクルマ。壊れて当たり前の存在。それで良しとしてきたはずです。

彼らにとって「壊れないプレステージ・スポーツカー」をつくるということは、「沈まない船」をつくれと言われたに等しいのではと想像します。だが、彼らは深刻な赤字状態にはけっして戻るまいと思ったがゆえに、この困難な目標を受け入れます。

ポルシェの製造現場である工場を筆頭として、すべての部門の人々が、自分がかかわる部門として〝壊れない〟をいかに実現するのかに持てる力をフォーカスし始めます。というより〝壊れる〟から〝壊れない〟への展開は、すべての人が知恵を絞らざるを得ない状況なのです。

エンジン、車体から細かな部品に至る設計。資材や部品の選定と調達。製造ラインの設計。工場内の配置やさまざまな決め事。製造時の不良品排除の方法論。人的ミスの低減の方法論。マーケティング、ブランディングの方向。広告の表現。目標達成のための人材確保。資金の手当て。当時のあらゆる部門の、すべての人が一致して動き出さなければ、そのコンセプトは実現できないと言っていいでしょう。

ポルシェ社員のAさんは仕事で何をすればよいのでしょうか。簡単です。ポルシェが壊れないために自分ができる何かを考えて実行するのです。何をしてはいけないのか。簡単です。クルマが壊れるような状況や要素を持ち込んではいけません。

上司に言われなくても、誰に諭されなくても、自分が何をすればいいのか分かる。自分たちが何を目標にしているのかも分かる。「壊れないプレステージ・スポーツカー」というコンセプトは作戦指令のようなものなのです。

よい指令にはムダがありません。自分たちが、どこに行って、何をやればいいのかが明確に指示してあるのです。

これが、**コンセプトの第三の働き「行動を指示する」**です。

覚えておいてください。**良いコンセプトは、必ず、行動を指示し、さらには行動を喚起します。コンセプトは、何よりも「未来への行動指示書」なのです。**

さて、その結果、ポルシェはどうなったのか。

壊れなくなりました。劇的に故障率や不良品率が下がったのです。その結果、業績は加速度的に改善されました。いまでは世界でも故障率がもっとも低い方に数えられるクルマのひとつです。

２０１３年米国自動車初期品質調査(Initial Quality Study：IQS)で、ブランド別ランキングで1位。世界でも最高の品質を誇るクルマになっています。

ポルシェの２０１２年通期（1〜12月）の売上高は、前年比26・９％増の１３８億６５００万ユーロ（約１兆７２７５億円）。営業利益も19・３％増の24億３９００万ユーロ（約３０４０億円）。売上高、営業利益ともに過去最高を記録。世界新車販売も14万３０９６台と、これも過去最高を達成しています。

行動を指示するというコンセプトの機能は、このように力を発揮します。

プレステージ・スポーツカーの代名詞ポルシェ
（出典：http://commons.wikimedia.org/wiki/File:Porsche_Boxster.jpg）

※「壊れないプレステージ・スポーツカー」はHaru DESIGN CONSULTING／Webビジネス戦略レビュー【実行戦略を練るｖｏｌ．４】ポルシェのブランド戦略　２００７年9月27日より引用させていただきました。http://www.harudesign.com/review/review14.html

## 第四の働き　「価値を最大化する」

スウェーデンの世界的クルマメーカー・ボルボのコンセプトは「安全」です。「ボルボの設計の基本は、つねに安全でなければならない」とした創業者の言葉の延長線上にあります。実際、レクサスやベンツ、ＢＭＷなどのプレステージクラスであれば、それほど安全性に遜色はないはずです。でもボルボは、いつの時代でも「世界で最も安全なクルマ」というイメージで語られます。

なぜなら、彼らの〝安全〟というコンセプトに一切あいまいなところがないからです。ホームページには、彼らのビジョンが掲げられています。それは〝２０２０年までに、ボルボ新車での死亡者・重傷者をなくす〟というもの。

これは「安全」という大きなコンセプトを土台にした、２０２０年までのボルボのクルマづくりのミッションであり、コンセプトと言ってもいいでしょう。

「2020年までに、ボルボ新車での死亡者・重傷者をなくす」というフレーズは、どの部分も誤解しようがありません。運転者や同乗者だけでなく、歩行者や他のクルマに乗る人も含めて〝死亡者・重傷者をなくす〟と宣言しているわけで、クルマメーカーとしては遥かな高みを目指したと言っていいでしょう。公言するには、かなりリスクのある挑戦的なコンセプトです。自らの行動も、企業としての社会とのかかわり方も、勇気を持って明確に規定しています。

「誰も死なないクルマ」があれば、それはクルマの歴史からしてもエポックメイキングなことに違いありません。

安全の取り組みで世界を一歩リードするボルボ
（出典：「ボルボ・セーフティ・BOOK」p.33
http://www.volvocars.com/jp/top/about/safety/Documents/safetybook_2013.pdf）

つまり、このコンセプトはボルボの「安全」という価値を、飛躍的に高め、さらに強固なものにしていく働きを持っているのです。

コンセプトは「力を束ね」「在り方を決め」「行動を指示」します。

では、そもそも、なぜ「力を束ね」「在り方を決め」「行動を指示」しなければならないのか。それは、**その企業なり商品なりが「この世に存在する意義や価値を最大化し、自身を輝かせるため」**だと私は考えます。

コンセプトの最終的な使命は、企業や商品が持つポテンシャルをすべて引き出し、世の中に対して、そのブランドの「価値を最大化する」ことなのです。

価値を最大化するとは、平たく言えば「かかわる人に自分が可能な限りの幸福（利益）をもたらす」ということ。これが、コンセプトの、もっとも大事な働きなのです。

世界に存在するものでムダなものはひとつとしてありません。何者であろうが存在しているからには輝きを放ち、価値を発揮してみんなを喜ばせる可能性を持っています。

コンセプトがなぜこの世に存在するのかというと、事業やビジネス、あるいは何かの取り組みが〝見事に輝くため〟であると言えます。

## 第一の性質　「本質とつながっている」

**良いコンセプトは、企業や商品あるいは組織の持つ本質と必ずつながっています。**本質とは【あるものをそのものとして成り立たせているそれ独自の性質】（広辞苑）です。

本質から外れたものをコンセプトとして設定してしまうと、時間がたつうちにズレが目立つようになり、結局はうまくいかなくなります。

イチロー選手は、類稀なるバッティングセンスと技術で、大リーグ史上に残る選手ですが、長距離ヒットを狙えば１シーズン30本以上のホームランを打つことができると聞いたことがあります。

しかし、彼はあくまでヒットで出塁することを目指します。彼は大リーグでも小柄で細い方に属する自分の本質を「ヒットで出塁する能力」に置いているのです。彼のコンセプトが仮にあるとするなら「最高の一番バッター」。自分の本質と一切ブレがありません。

だから数々の大リーグ記録をぬりかえ、歴史に残る選手となったのでしょう。長距離ヒットを狙っていたら彼は大リーグでは並みの選手、ひょっとしたら並み以下の選手だったかもしれません。イチロー選手のプレーに長い間、私たちが熱狂することもなかっただろうと思います。

同じファッションという事業領域のブランドでも、たとえばユニクロとジョルジオ・アルマーニではまったく違うアプローチでビジネスを展開しています。

かたや日本の地方都市の、小さな男性向けカジュアル衣料のお店が出発点であり、かたや大学の医学部を中退し、ミラノの百貨店ショーウィンドウの飾りつけ助手が出発点です。

ユニクロは販売する服を、その人のトータルファッションのための部品として捉えています。その部品をお客様自らが組み合わせることによって、ファッションになっていく。秋葉原の自作用パソコンのパーツ屋さんのようです。ファッションのパーツ供給業者です。つまり、ユニクロの本質は、ファッション・アイテムを「ファッションのための部品」として捉え直したことにあります。

アルマーニにとって服は部品ではありません。暮らし方や生き方そのものを表現するアイテムです。彼らにとっては、まず理想の生活スタイルや価値観があり、それを実現するものとしての商品なのです。だから、服以外にも化粧水からレストラン事業、リゾート開発まで手がけます。アルマーニの本質は、ジョルジオ・アルマーニさん自身の「美意識や世界観そのもの」にあるのです。

どちらがいいではなく、ここにあるのは、世の中に対して何を提供したいのか、どう提供したいのかという、ビジネスをテイクオフさせようとしたときの、ユニクロの柳井正さんの思いやジョルジオ・アルマーニさんの思いです。

こうした本質はお2人の生き方も含め「私にとって衣料事業とは何か」「服とは何か」という根本的な問いから導かれます。

本質はシンプルで根源的な問いからしか見えてきません。

たとえば私自身が、これからの事業を考えるに当たっての根本的な質問は、「私にとってクリエイティブとは何か」です。

どんなビジネスでもいっしょです。クルマ、食品、家電、飲食あるいは地方自治体……。自分たちの本質は何かということを突き詰めたところで、コンセプトをつくらねば、自らの価値も活かせないし、お客様にとってはトンチンカンな存在になってしまうのです。

質問：私にとって【　　　　　】とは何か？

問いかけてみてください。【　】の中にはあなたの事業や商品を象徴する短い一語を入れてください。答えは納得するものでしょうか。それとも未消化感のある釈然としないものでしょうか。

一度でスッキリと出ることは稀。出たものに対して、腹落ちするまで質問を繰り返すと良いでしょう。すると徐々に核心に近づいていくはずです。

## 第二の性質　「寿命がある」

地球上に永遠に生きるものがないように、コンセプトの寿命も永遠ではありません。

では、どれくらい長生きなのかというと、道端の草花のように春に芽が出て秋にはしおれてしまうものもあれば、数百年以上も命を保つものもあります。

つまり、コンセプト次第です。ただ、誤解しないでもらいたいのは、あまり持たないから悪いコンセプトで、長持ちするから良いコンセプトというわけでもありません。

ある一定期間しか持たないものだって、もちろんＯＫです。それが意図されたものならば。期間限定ショップなどのコンセプトは、たぶんその期間（1週間もあれば1年、2年もあると思いますが）を盛り上げるものだったら、寿命の短いコンセプトでも良いのです。旬の、その時代の空気でなければ表現できないことも数多くあるのですから。

タレントのコンセプトは寿命の短いもののひとつかもしれません。

ＡＫＢ48のコンセプトは「会いに行けるアイドル」。とても秀逸なコンセプトです。確かに、それまでのアイドルはテレビかコンサート、または映画、雑誌でなければ会えない存在でした。それを１８０度ひっくり返しました。

プロデューサーの秋元康さんは１９８０年代半ばに素人の女の子を起用した「おニャン子クラブ」にかかわり、成功を収めています。その後、こうしたガールズ系アイドルは１９９０年代後半に「モーニング娘。」が現れています。

しかし、全盛期はそれほど長くはありません。こうした流行りものは、大衆が必ず飽きてしまうからです。さらに「会いに行けるアイドル」が流行ると、必ずその逆のタイプの「会いに行けないことが価値のアイドル」を生み出します。

コンセプトとしての寿命は短い。それでも「会いに行けるアイドル」は優れたコンセプトだと思います。

息の長いコンセプトというと代表的なものに企業理念があります。

日本は世界でも老舗の多い国で、創業100年以上の会社が2002年時点で1万5000社もあります（野村進『千年、働いてきました　老舗企業大国ニッポン』（角川グループパブリッシング、2006年）。続いているということは、会社の理念＝コンセプトが良いという証明でもあります。

そう思って創業500年とも言われる和菓子の老舗中の老舗「とらや」のホームページ(http://www.toraya-group.co.jp/）を見て、ちょっと驚きました。

いや正確に言えば、その潔さに感動しました。

「とらや」の経営理念は……

「おいしい和菓子を喜んで召し上がって頂く」

ここまで、一点のブレもない理念に出会ったのは、私は初めてです。寿司屋が「おいしいお寿司を喜んで召し上がって頂く」。蕎麦屋が「おいしいお蕎麦を喜んで召し上がって頂く」。当たり前じゃないかと怒りたくなります（笑）。

しかし、凡事徹底というように、サービス業は、いかにこの何でもない当たり前のことを徹底できるか、突き詰められるかが、高みに登れるかどうかの分かれ目です。

サービス業とは「感動をサーブ（serve）する業種」であるからです。飲食業は食べてもらうことで感動を与える。広告業は広告クリエイティブを通して感動を与える。宅配業は荷物を届けて感動を与える。

このコンセプトの鍵は2つの言葉にあります。

「おいしい」と「喜んで」。

「とらや」の和菓子や羊羹の完成度を目の当たりにすると、そこに一切の妥協が入っていないことが分かります。妥協せずに本気で実行しようとしたとき、コンセプトは持てる力を最大限発揮します。

「とらや」は虎屋16代店主黒川光朝さんが〝和菓子を五感の芸術〟と捉えて以来、その時々で最高のものを提供できるよう努力をしてきました。現社長挨拶で述べられているように「とらや」の和菓子は「……大切なのは、過去でも未来でもない、『今』という時です。すべては今この時代のお客様においしいと思って頂ける菓子をつくり、お喜び頂けるサービスをするために……」（社長挨拶より著者抜粋）存在するのです。

突き詰めた、あいまいさが一切ないコンセプトは、ダイヤモンドや金のようなものです。ほとんど劣化することなく、100年の使用に耐えます。

老舗企業の理念や考え、さらにはその取り組みを調べてみるといいでしょう。

そこは、長く使えるコンセプトの宝の山です。

## 第三の性質　「決断に左右される」

良いコンセプトを持ちながら、コンセプトが機能していないことがあります。

コンセプトは、ただの言葉です。道具です。コンセプトをつくることと、コンセプトに働いてもらうことはまったく別のことなのです。

では、どのようにしたらコンセプトに働いてもらえるのか。

つまり、コンセプトをコンセプトとして機能させるために、もっとも重要なこととは何か？


それは笑ってしまうかもしれないほど単純なことです。

**「コンセプトをコンセプトとして扱うことを決める」**ということです。

たった、これだけ？　そう、たったこれだけです。

ですが本当に重要です。


コンセプトは私たちの意識に入り込んでこそ、力を発揮します。一人ひとりの行動に目的と目標を与え、人々の気持ちをひとつにしていくことで、大きな成果をもたらします。

悪用すればヒットラーのような独裁政治につながることもあります。良い方に使えば国や企業を栄えさせ、社会を豊かにします。


もし、そのコンセプトが良いコンセプトなのに機能していないとしたら、かかわる人々が、そのコンセプトをきちんと扱っていない可能性が高い。

なぜ彼らがきちんと扱っていないのか。理由は、その組織の**リーダーに、コンセプトをコンセプトとして扱って、ビジネスを行うという決断がないからに他なりません。**

決断があれば、かかわる人々はその熱にジワジワと影響されていきます。コンセプトをコンセプトとして扱わなければならないことが理解されていきます。

要は、決断です。

人間は、深く決めたことしか実現できません。

やろうとしないとやれない。

なろうとしないとなれない。

当たり前のことです。意志のないところには何も生じません。そうしようと強く思った時点から現実は変わっていきます。コンセプトに沿ってすべてを展開するのだと本気で決める。でないとコンセプトの効果は激減します。

野球選手やサッカー選手で、なんとなくプロ選手になって、なんとなく食べている選手なんて一人もいません。最高のプレーヤーになると決断したから、イチロー選手やメッシ選手は存在するのです。

誰が決断するのか。まずは組織のトップです。

社長、事業部長、校長、学長、市長、首相……。リーダー、そのプロジェクトに責任を持つ最終決定権者が決断するのです。

コンセプトは良いのに機能していないのなら、リーダーの責任です。

決断する。その決断がコンセプトに命を吹き込みます。機能する良いコンセプトの裏には、必ず決断があります。

Part. 2

# つくる

第四章

# 現在地を把握して、資産の棚卸をする

## コンセプトの「串ダンゴ型」設計図

ここでは、コンセプトづくりの全体像を示します。

左ページの串ダンゴ型の図が、おおよその設計図です。コンセプトは、すべてを貫き通す**「串」に当たります。ここがしっかり刺さっていないと、それぞれの要素はバラバラになってしまいます。**

貫かなければならないのは次の3つです。**「現在地」「資産」「戦略」**です。

では、どのようなことを行っていくのか。

最初に、あなたの事業の「現在地」を把握します。

**自分がどこにいるのか分からなければ、目的地に向かうことはできません。**自分の立ち位置をしっかりと把握します。把握には、いくつかの段階があります。

ひとつは世界レベルでの経済の動きや、国の動向など、いちばん大きな流れを見ます。さらには日本国内の動向、あなたの業種分野の動向も把握します。

カメラの視点で言えば、できるだけ地球を俯瞰するような視点から、徐々に接近してあなたの顔が見えるところまで、カメラが接近していくイメージです。

細かく見ていけばきりがありませんが〝**自分**

■図表1　串ダンゴ型設計図

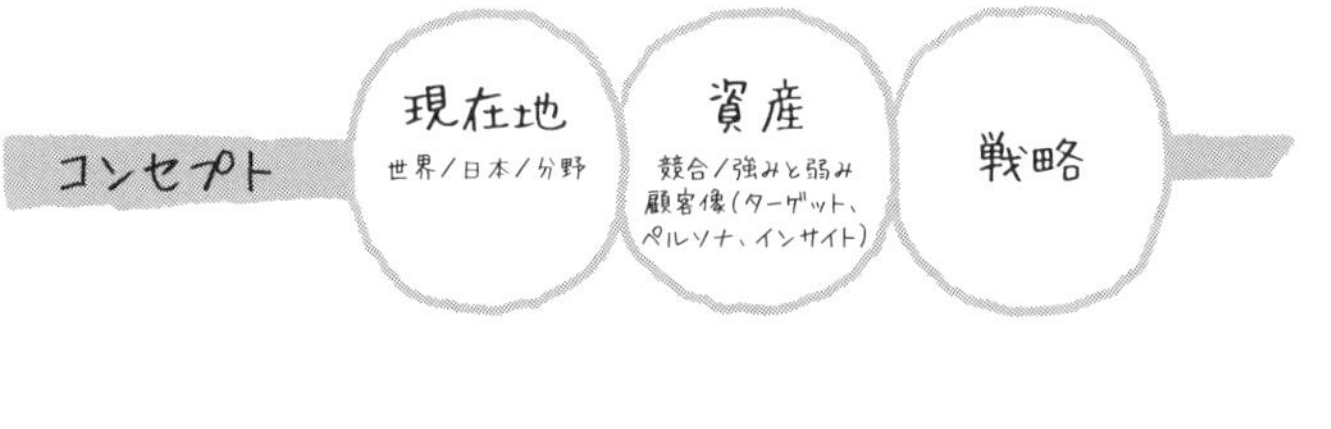

**のビジネスをとりかこむ、すべての外的な条件を把握する〟作業**だと思えばいいでしょう。

いま、その事業は時代の中でどのような位置づけにあるのか。どのような企業がライバルなのか。あなたは、どのような可能性を、その事業の中に見ているのか。

まだ成長するかどうかも分からない新しい分野への挑戦なのか。急速な成長途上にある市場への挑戦なのか。はたまた成熟市場に別の方法論を持ち込もうとしているのか。**市場の在り方でコンセプトづくりはまったく違ってきます。しっかり「現在地」を把握してください。**

2つ目はあなたの**手持ちの「資産」を明確にします。**

**「資産」とは、あなたが事業で活用できるすべてのものです。**

ハードに当たる経営の仕組みから生産設備、販売網、資金もあれば、ソフト的な人材、人脈、スキル、アイデア、社風などもあります。**ライバルとの違いが、あなたの資産になります。**

まず数字が自分たちを客観的に見つめるのに役立ちます。売上や利益率、シェア、それらの伸張率、財務内容、資金的な余裕などです。

その他であれば販売力や製品価格、技術開発力、ブランドイメージなどなど。徹底的に議論する風土だとか、トライ精神が旺盛だとか、ユニークな人材が多いとか。そうしたことも資産になり得ます。

**お客様も大事な資産のひとつです。**あなたの事業を支える、これらの人々の声をヒアリングすると、たくさんの資産のヒントをもらえるはずです。

「わが社の商品を継続してご購入いただいている理由を教えてください」

「わが社もしくはわが社の製品を他の方に紹介しようとするとき、どのように紹介しますか」

これからお客様になりそうな人も、何が好きか、どんな価値観で生きているのか。何に関心があって、何をしたいと思っているのか調べます。

**彼らの心の奥にある本心、本音（インサイトといいます）も資産のひとつです。**

**最後は「戦略」です。**

**コンセプトは戦略を貫き通す骨格、背骨です。**戦略は、コンセプトがつくられてから、つくるものでもあります。順番で言えば「現在地」と「資産」がつくられたら、コンセプトの串を通し、最後に「戦略」をつくって串刺しにします。

「現在地」「資産」「戦略」という3つをひとまとめにし、しっかりと力強く貫き通すのがコンセプトです。

この本は戦略には触れることはありますが、戦略のつくり方を解説するものではないので、ここでは良い戦略とは何かだけを伝えておきます。

戦略の大家リチャード・P・ルメルトは『良い戦略、悪い戦略』（日本経済新聞出版社、p.12）の中で、**悪い戦略は、状況の中に潜んでいる「困難な状況の分析が意図的に避けられている」**と述べています。ということは、**良い戦略とは「困難な状況の分析を行い、課題として設定し、その解決の方向性を示し、どのような行動を取れば良いのかが示されている」**ものです。

破綻寸前のアメリカの航空会社、コンチネンタル航空が取った戦略は非常にシンプルでした。航空会社の経営でもっとも大切なのは、定刻通りに目的地に安全に着くことと見定め、最悪に近かった「定時到着率の改善」を目標に掲げました。そして、定時到着率のランキングで上位5社に入れば、社員全員に65ドルのボーナスを支給する制度をスタートさせます。全従業員の行動をその一点に集約したのです。1994年1月に61％で最下位だった定時到着率は、1995年12月には首位に。結果、破綻を免れたばかりか、顧客の評価もうなぎのぼりに回復し、1996年には「エアライン・オブ・ジ・イヤー」も受賞します。

このように、**もっとも困難な課題に真正面から取り組んでいる戦略が良い戦略なのです。**当然、**コンセプトづくりも、もっとも困難な課題を真正面に据えて取り組むべきなのです。**

次に「現在地」と「資産」の把握の仕方を詳しく解説していきます。

## 【現在地】 大きな時代の流れを見る

**コンセプトづくりの第一段階は、時代の流れの把握です。**つまり、つくろうとするコンセプトが、商品のものであれ、事業全体のものであれ、あるいは企業そのものであれ、それが、いまどのような場所に、どのような状態で置かれているかを把握しなければなりません。

ＲＰＧのようなゲームは、最初に、自分の武器や体力、ステータスを把握し、ゲームのおおよそのルールと、いまいる場所と次に行く場所（できれば最終の目的地）を把握します。それと同じです。大きな時代の流れのどのあたりに自分たちがいるのかをつかむのです。つかんでおけば、進むべき大きな方向が設定できます。あとで多少の変更や修正も可能です。

把握する視点は「世界」「日本」、さらに「分野（業種、業界）」の３つ。できるだけ大きな視点でこれらを見ます。「時代の潮の流れ」をつかむのです。よく言われることですが、未来に起こる出来事は予測できませんが、未来への時代の流れはおおよそ分かります。

たとえば、20数年ほど前までテレビCMでは家電各社の「ワープロ」の広告が花盛りでした。クルマの広告では「エアバッグ」が搭載されていることが売りでした。十数年前の携帯電話のCMでは、呼び出し音がメロディで鳴ることを必死にアピールしていました。表面上の細かいところはアッという間に変わっていきますが、デジタル化やインターネットなどの大きな流れは変わりません。

また、何年か前までは日本の携帯電話キャリア、携帯電話メーカーは、世界初のスマートフォンであるｉＰｈｏｎｅを模様眺めしていました。その間に、世界の携帯電話の覇権は、ノキアなどからサムスンとアップルへとアッという間に移動してしまいました。流れの大きさ、速さを見ていないと、こうした状態に陥りがちになります。

「世界と日本の10〜30年先」を理解し、「分野の5〜10年先」をしっかり把握します。

**「人口動態」を見ると、おおよその国の将来が見えます。**

第二次世界大戦が終わったばかりの１９５０年の日本の人口ピラミッド（図表２）はきれいな三角形をしています。若年人口が多いこの形は適度な政策的刺激があれば大いに経済成長が望めます。

いま、この形に近いのはインドです（図表３）。

■図表2　1950年 日本人口ピラミッド（百万人）

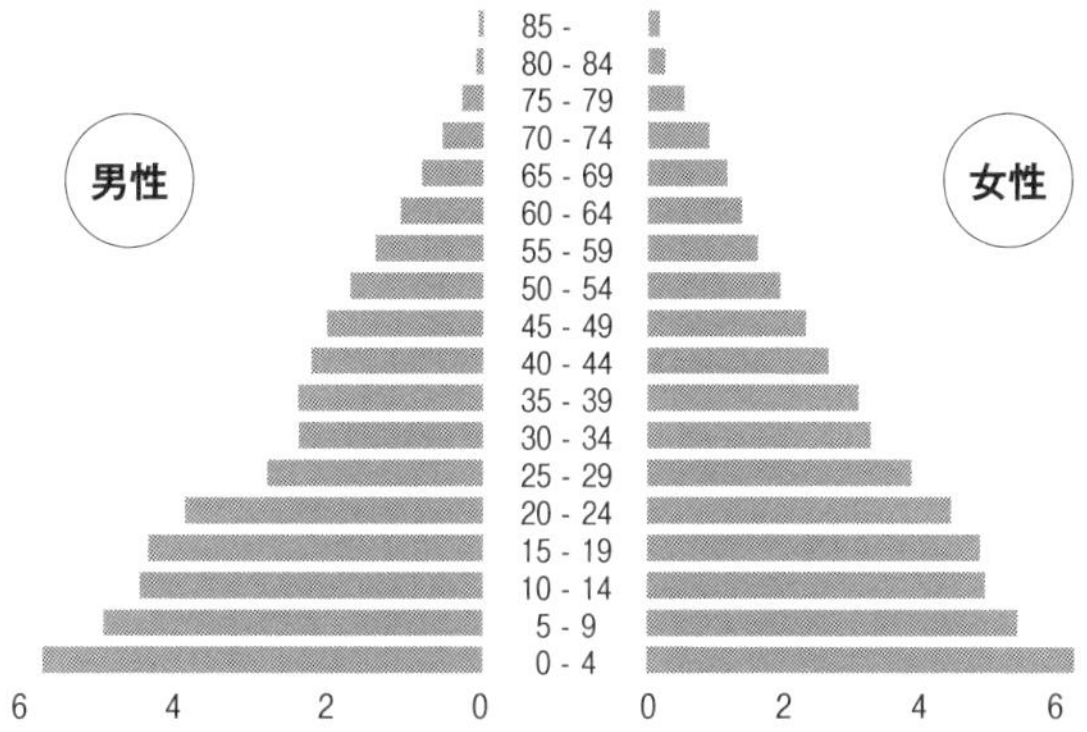


■図表3　2010年 インド人口ピラミッド（百万人）

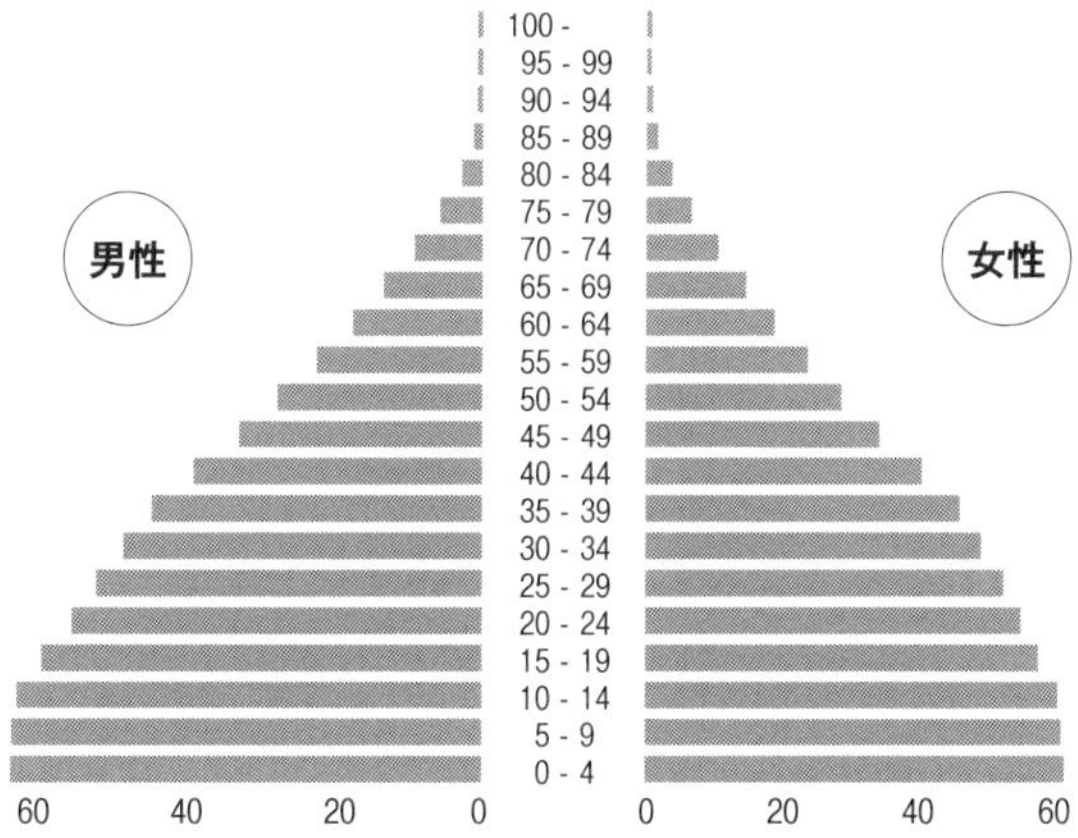

インドの人口は2050年まで増加を続けます。中国の人口ピラミッドは2030年には早くも現在の日本と似てきてしまいます。

**世界経済は、基本的に「若年人口が多く」「経済が未発展」で、産業基盤が整い始めた地域に重心が移動していきます。**

少なくとも20世紀から21世紀にかけては、そうやってアメリカ、日本、中国、韓国、BRICSの国々が発展してきました。これから、東アジアからゆっくりと時間をかけてインド、そしてアフリカに重心が移っていくことが分かります。

日本や欧米などの先進国状態になると、経済はほとんどゼロの成長。高学歴社会で出生率は下がり、生活のインフラ的な製品、たとえばクルマや主要な家電製品は買い替え需要がメインとなります。さらに税収は伸び悩むのに高齢化が進むため、医療・福祉などの制度改革が必須になってきます。そういう意味では、日本は世界の最先端を走る国です。

こうした環境要因を分析する手法としてPEST分析という手法があります。政治的（P＝political）、経済的（E＝economic）、社会的（S＝social）、技術的（T＝technological）の頭文字を取ったもので、自社に有利不利な環境要因が、どこにどう潜んでいるかを探るやり方です。

政治的要因であれば法律改正などの動きは見ておいた方がいいでしょう。いままでのビジネスの方法に急にNGを突きつけることがあります。

技術的な要因で注意しなければならないのは、革新的な技術による既存市場の陳腐化です。いまはこのスピードが極端に速くなっています。こうした要因で調子の良かった企業が一気に赤字になり、苦しむ姿が世界のあちこちで見られるようになりました。

社会的な要因（人口、世論、宗教、言語、自然環境）はゆっくりと変化します。地殻変動のようなもので、ある一定量を超えると、変化が社会の表面に浮かび上がってきます。この変化は巨大な船の進み方と似ています。方向転換には時間がかかりますが、一度方向を変えてしまうとなかなかもとには戻りません。

こうした把握を前提に、自分がビジネスを行っている業種がどうなっていくのか、いくつかの簡単なシナリオを用意しておくと良いでしょう。

## 【現在地】　必要な資料や情報の入手方法

**世界規模で未来への流れを見るのは簡単です。なぜなら定評のある本を購入して読むだけでよいのです。**次のものがおすすめです。

英『エコノミスト』編集部『2050年の世界　英『エコノミスト』誌は予測する』（文藝春秋、2012年）

ヨルゲン・ランダース『2052　今後40年のグローバル予測』（日経BP社、2013年）

その半分の20年先の予測では……

ヴィルジニー・レッソン『2033年　地図で読む未来世界』（早川書房、2012年）

米国国家情報会議編『2030年　世界はこう変わる　アメリカ情報機関が分析した「17年後の未来」』（講談社、2012年）

日本の未来予測にはあまりよいものがないように思います。私は次のものが比較的参考になりました。

三菱総合研究所産業・市場戦略研究本部編『全予測　2030年のニッポン』（日本経済新聞社、2007年）

八尾信光『21世紀の世界経済と日本　1950年～2050年の長期展望と課題』（晃洋書

房、2012年）

自分で、その基礎となるデータを得たいときは中央省庁のホームページが役に立ちます。

総務省統計局（http://www.stat.go.jp/data/）

国勢調査の結果や人口推計、家計調査、消費者物価指数などから「日本統計年鑑」「日本の統計」「世界の統計」などのデータまで見ることができます。

厚生労働省　各種統計調査（http://www.mhlw.go.jp/toukei_hakusho/toukei/）

国民の暮らし全般にかかわること、医療健康系のデータの他、出生、就職、結婚、出産・育児から老後、死亡までの各種統計を見ることができます。

他も、ほとんどの省庁が統計を行っています。グーグルで検索するときは「（省庁名）統計」でたどり着けます。

業種・業態を絞ったデータを得たいときは、有料になりますが「富士経済」（https://www.fuji-keizai.co.jp/）や「矢野経済研究所」（http://www.yano.co.jp/）などが各種データを提供しています。

業界団体の統計資料も参考になります。ほとんどの業種業界に、こうした団体があるので調べてみてください。

上場企業であれば業績のデータは公開されているので、それをネットの企業ページや四季報などから拾うことができます。

必要な資料は、まずネットで当たりをつけます。ネット上にまったくないことは経験上、一度もありません。

ただ注意しなければならないのは、ネット上ではコピペ、転載が勝手に行われているため、見つけたデータが本当に正しいものなのか分からなくなっていることです。

データは必ず出典元までさかのぼって正しいものかどうか検証すること。加工して出典が明記されていないデータを、そのまま使ってしまうのは危険です。間違ったデータをもとに仮説やロジックを組み立てることになるからです。逆に出典を当たることで、別の貴重なデータが手に入ることもあります。

参考になる資料は、私はよくアマゾン上で探します。グーグル検索と同じように気になる単語を入れて検索すると、関連書籍が並びます。その中から良さそうな本をクリックすると画面下に、類書が「よく一緒に購入されている商品」、また「この商品を買った人はこんな商品も買っています」で表示されます。「なか中身！検索」やカスターマレビューで見当をつけて購入します。当然、実際に書店で本を探し歩く方法もありです。

時間が許せば、図書館で関連書籍や白書類などを閲覧するのも良いでしょう。古い年代のものはネットで探せないことも多く、その場合は古い資料などが保管されている図書館でコピーをしてくることもあります。

自社のデータや資料は、関連の部署や人に請求しましょう。社内のイントラネットで、各種データがダウンロードできる場合もあります。

効率的に行えば、おおよその資料やデータは、せいぜい2時間もあれば探せてしまいます。コツは出典、原典、定評のある資料元を当たることです。

## 【資産】　ライバルを鏡にして自社を見る

**ビジネスでコンセプトをつくるには、ライバルを明確に定める必要があります。**では、なぜ、明確に定める必要があるのでしょう。それは、その方が、あなたの事業や会社の立ち位置が明確になるからです。鏡の原理です。**ライバルは、自社を映す鏡になるのです。**

友人のブランド・コンサルタントである水野与志朗氏も、著書『事例でわかる！　ブランド戦略【実践】講座』（日本実業出版社、２００８年）で同様のことを言っています。

「自分を独自に際立たせるのは他ならぬ競合ブランドです。彼らをあたかも『鏡』のようにして、自分の独自性を浮かび上がらせることが重要です」

そのときには**「自分よりも一回り大きなブランド」を想定する**こと。

なぜなら、「自分よりも大きな相手を想定するほうが『売上の源』（ビジネス・ソース）は広くなる」から。また、大切なのは**ライバルはひとつに絞り込む**ことだと説いています。

多くの競合会社がひしめく中で、熾烈な競争を繰り広げるグローバル時代に、いくつかのライバルの良いところをつまみ食いするように真似しても、企業も事業もぼんやりとしたあいまいな存在になっていくばかりです。

鏡はいくつも必要ありません。

自分の全身を映り込ませるような大きめの鏡がひとつあれば良いのです。

もうひとつのライバル設定方法があります。こう着状態に陥ったとき、つまり転換するコンセプトをつくらなければならないときの、ライバルの設定方法です。「まったく違うところから鏡を持ってくる」やり方と言っていいかもしれません。

私が長い間属している広告業界は成熟業界です。

GDPの1・2％前後が日本の総広告費です。2012年（平成24年1～12月）は5兆8913億円、前年比103・2％でした。業界第1位の電通の2012年度売上高（連結）で約1兆9412億円でシェア約33％。業界第2位の博報堂DYホールディングス（連結）が約1兆4544億円でシェア約17・7％。業界第3位のアサツーディ・ケイ（連結）が約3508億円でシェア約6・0％。電通の半分が博報堂で、そのまた3分の1がADKです。シェアは多少の変動はあるものの、広告会社のポジションは固定化されています。

今後、GDPの大きな伸張は望めません。とすると広告業界で新たに伸びを得ようとするなら、いままでと違う事業アイデアで展開するしか方法はありません。

たとえば、コンサルティング型の広告会社はどうでしょう。

広告制作では、いつも「販売における課題の解決」が問われます。広告とは「販売上の課題解決」の別名にすぎないのです。広告会社の人たちもあまり気づいていませんが、広告会社の中には膨大な〝解決ノウハウ〟と〝事例〟が集積されています。見ようによっては宝の山です。マネタイズするノウハウさえつくることができれば、現状の業態に少し手を加えていくだけで、いままでとは性質を異にした広告会社をつくることができます。

もはやそれは広告会社とは呼べないかもしれませんが。

とするとライバルはまったく違うものになります。既存の広告会社を設定してはいけません。ライバルは、コンサルティングを主業務とする企業になります。外資系のコンサルティング・ファーム、アクセンチュアやボストン・コンサルティンググループ、マッキンゼー・アンド・カンパニーなどが仮想ライバルとなるかもしれません。

たとえばトヨタのライバルは国内であれば、ホンダであり、日産です。国外ならベンツ、BMW、アウディ、ルノー、フィアットのヨーロッパ勢、GM、フォード、クライスラーのアメリカ勢、韓国のヒュンダイなどがあがります。

しかし、移動という視点だけで見れば、鉄道事業者や航空、バスなどの公共交通事業者もライバルです。若者世代のお金のシェア競争相手としては、スマホを持つ通信事業者が、最高のライバル。趣味的に楽しむ高級車になると、スイスの高級腕時計がライバルかもしれません。

**少し軸を動かせば、まったく違うライバルを設定することができます。**

**同業種同製品をつくっているところだけがライバルという視点は、いったん脇に置いて、自社のライバルが本当はどこなのか、もう一度よく考えてみてください。**

ライバルの設定を飛躍させることができたとき、コンセプトも、より未来を向いた強いものになる可能性があります。

## 【資産】　強みと弱みは裏表の関係だ

「あなたの会社の強み」とは何でしょう。これは**「競合よりも優位に立てる条件すべて」**です。

たとえば……

- 仕入れルートが独自で他社より安く仕入れられる。
- 他にはない技術がある。
- 実用新案や特許を持っている。
- 研究開発力がある。

資金的な余裕がある。
チャレンジし、失敗をものともしない社風である。
他社より販売力がある。
知名度が高く、よく知られている。

**面白いことに「あなたの会社の弱み」は、この「あなたの会社の強み」の反対側に隠れていることが多い。**長所は短所とペアで存在するのです。

＋　安い仕入れルート　⇩　仕入れルートが一箇所で脆弱、そこに左右される。
＋　他にない技術　⇩　まったく別の技術によりその技術が陳腐化する。
その技術に寄りかかり顧客が望まない商品ばかり。
＋　研究開発力がある　⇩　マーケティングが下手。営業力がない。
＋　資金的な余裕　⇩　余剰資金を有効に活用できていない。
＋　チャレンジの社風　⇩　行け行けドンドンで何事もやりっぱなし。
ＰＤＣＡがないから進歩がない。
＋　販売力がある　⇩　本当に顧客がほしがるものを提供できていない。

技術力、開発力がない。

＋　知名度が高い　⇩　名前に寄りかかった甘えたビジネスをしている。

強みの裏に弱みが隠れていないか考えながらリストアップします。

人も、企業も、この客観視という作業が苦手です。なぜなら、良いことだけでなく、嫌なことも直視しなければならないからです。

コンセプトづくりの第二段階は、自分で自分を丸裸にしていく、客観視の段階。できるだけ強み弱みは数字化やデータ化して見ることを心がけてください。数字ならごまかしようがありません。

この**強み、弱みで注意しなければならないのは、これらはすべて相対的なもの**であるということです。

たとえば銀座に寿司屋をオープンするとして「江戸前の正統派の技術」で、「築地でも第1級のネタを扱っている」ことは、強みにはなりません。なぜならまわり中がそうだからです。

そこで抜け出すのは、特別なネタの仕入先を持っているとか、技術的に頭抜けているとか、接客が素晴らしいとか、別の要素が必要です。

ところが地方であれば「江戸前の正統派の技術」「築地からの仕入れ」は、とたんに強みに変わります。強みだと思ったものが弱みにもなることもあります。

強み、弱みをまとめるとき、よく使われるのが「ＳＷＯＴ分析（スワットもしくはスウォット分析）」です。要素の整理に向いているので、左の表に当てはめてみてください。

強み（Strengths）、弱み（Weaknesses）には自社の強みと弱みを。機会（Opportunities）には、事業を展開する市場に、どのようなビジネス・チャンスがあるのか、あるいは技術的な進化などを。脅威（Threats）には、経済情勢や社会的な動向、法律改正などの可能性を簡単にまとめて書いておくといいでしょう。戦略づくり、コンセプトづくりの簡便な資料として使えます。

注意してほしいのは、コンセプトづくりのときに、このＳＷＯＴ分析で出てきた「弱みを変えよう」という視点では絶対につくらないということ。あくまで**「強みを活かす」という視点でつくります。**小さくてもいいから徹底的に強みを掘り起こして、他社にはない「強みの陣地」を築いてください。

さて、**強みには、分かりやすい「見える強み」以外に「見えない強み」があります。**

「見えない強み」とは、自社の強みをつくり出している「要因」とでも言ったらいいでしょうか。

「レクサス」と同じレベルのクルマをつくれる企業は、世界中にいくつもあるかもしれません。しかし、レクサスと同じレベルのクルマを、年間50万台近く、トヨタと同じ生産原価、生産効率でつくれる企業は、たぶん世界でトヨタだけではないでしょうか。

トヨタのクルマづくりが、あれほど真似され研究されても、なかなか追いつけないのは、多くの要因で組み立てられた「見えない強み」がたっぷりあるからです。

■図表4　SWOT分析

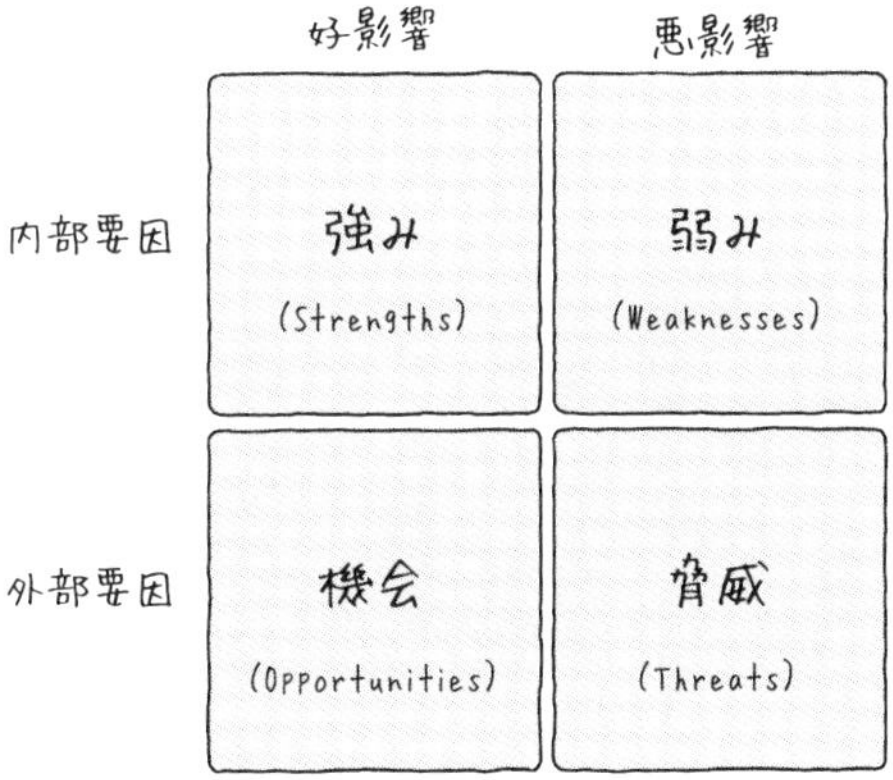

**「見えない強み」とは、その企業を、その企業たらしめている、独自の「仕組み」です。この仕組みは、その企業独特の「要因の連鎖」で成り立っています。**

スターバックスは、駅や空港などにある少数の店舗を除き、ほとんど店をフランチャイズではなく、直営店方式で運営しています。これがいかに特殊かは、他の大規模チェーンを考えてみると分かります。

タリーズコーヒー、ドトールコーヒー、マクドナルド、ファーストキッチン、吉野家……。コンビニエンスストアも実験店などでなければ直営方式はほとんどありません。

なぜ、スターバックスはコスト負担が大きく、面倒であるはずの直営方式を選んでいるのか。『ストーリーとしての競争戦略　優れた戦略の条件』（楠木建著、東洋経済新報社、２０１０年）に詳細な分析があります。

フランチャイズ方式であれば、オーナーは独立した自営業者であり、自然に「利益の極大化」を目指します。とすると現状のスターバックスでそれを実現する方法はお客様の回転率を上げるしかありません。しかし飲んだらさっさと出ていくタイプのお店であっては、それは、もうスターバックスではありません。第三の場所というコンセプトは崩れていきます。また、同一地域に集中出店するやり方もフランチャイズ方式とは相容れません。バリスタの育成に時間とお金をかけるやり方も、人件費圧縮にオーナーが動いてしまいがちなフランチャイズ方式では難しい。

「メニュー」以外の要素である「店舗の雰囲気」「出店と立地」「スタッフ」は直営方式にしなければ「第三の場所」たりえない、というのが楠木さんの分析です。

**直営方式という「真似できるけど、真似したくない」他社にとっては一見非合理に見える方式が、スターバックスの大きな「見えない強み」になっているのです。**

**「真似できるけど、真似したくない」ものが最高の強み。**

こういう視点で自社の「見えない資産」を洗い出してみましょう。

## 【資産】　お客様は決めると姿を現す

世界と時代の流れを把握し、ライバルを決め、自社の強み弱みを割り出しました。続いては、誰のための事業や商品なのか、顧客を決める必要があります。

**実は、お客様とは、あなたが「お客様にすると決めた人たち」です。**

通常、まずお客様を決めるには、お客様を切り分ける条件の抽出（セグメンテーション）を行い、その抽出した条件の中から、もっとも自分のビジネス、商品を購入してくれる可能性の高い条件の絞り込み（ターゲティング）を行います。
切り分けの条件には次のようなものがあります。

**［物理的な条件］**

性別　　：男　女
年齢層　：10代、20代、30代、40代、50代、60代……
居住地域：大都市、県庁所在地、地方中核都市、農村
　　　　　また大都市部なら沿線、地区で分ける方法も
　　　　　国内でどの地域（たとえば九州、関東、関西、北海道など）か
職業　　：会社員、自営業者、公務員、専門職、技術職、主婦、アルバイト……
収入　　：１００万～数千万円までなどの単純な年収、世帯年収など
住居　　：持ち家（戸建、マンション）、借家（戸建、マンション、アパート）
家族構成：未婚、既婚（子ども、親同居）
趣味、所有物など

**［性向的な条件］**

ライフスタイル：中流・下流生活者、社会的地位の高い層など
ユーザータイプ：潜在顧客、見込み客、リピーター、ロイヤルユーザー
使用頻度　　　：ライトユーザー、ミドルユーザー、ヘビーユーザー
製品への態度　：肯定的、否定的、無関心、ファン
嗜好性　　　　：流行先端層、フォロー層、多数派追従層、無関心層

分かりきったことだと思っても、可能性のある場所を取り逃がすこともあるので、一度切り分けの条件は書き出しておいた方が良いでしょう。

そして、抽出した条件からターゲット像を組み立てます。


たとえば、レクサスの顧客であれば……

男性で50代前後から年齢層は上で、大都市・地方中核都市にいる自営業者。年収は1000万〜3000万円前後で既婚（妻、子ども2名、親同居）・持ち家。比較的社会的地位が高く、トヨタファン。流行の先端を走る層ではないが、わりと早めにキャッチアップする。

セグメントする条件を使っていくと、こんなふうに顧客像を描けます。こうして絞り込む作業をターゲティングといいます。もちろんターゲット像は単一なものがベストですが、複数のターゲットが出てくることもあります。

絞り込むときに念頭に置くのは「**誰が商品やサービスに大きなメリット感じるのか**」ということです。そして、**毎日の生活で何を感じ、どのように行動しているかを想像しながら絞り込んでいきます。**

ビジネスでは、何事も明確にして絞り込むことは大きな推進力、パワーを生みますが、顧客の選定でもいっしょです。

もちろん、あまりに絞り込みすぎて、顧客の少なすぎる市場になってしまってはいけませんが、絞り込んでお客様の属性やイメージがはっきりすれば、コンセプトづくりだけでなく、事業の展開方法、販売方法、価格政策、イメージづくりや広告宣伝、選択する媒体など戦略戦術の多くのことをブレずに定めることができます。

## 【資産】ペルソナをつくる

お客様は、抽象的な存在ではありません。マーケティング・データを見ることに慣れてしまうと、姿かたちのない、のっぺらぼうの存在になってしまいます。体温を持って個別に存在していることを忘れないでください。

こうして選んだお客様像をスタッフで共有する方法として、よく使われるものに「ペルソナ」があります。

もともと劇中の「仮面」「登場人物」を意味しますが、心理学用語としても使われてきました。それが商品開発の現場で、商品の使用実感などをスタッフ間で想定しやすくするために設けた、架空の人物像を「ペルソナ」と呼ぶようになり、ここ10年ほどでマーケティング用語としても広がるようになったものです。

先ほどのレクサスの顧客であれば、年齢、性別、居住地、職業、年収、住居、家族形態、価値観、趣味、ライフスタイルなどの属性を、実際に設定して人物像をつくり出し、その人の毎日の生活や行動を類推することで、商品やサービスをより顧客に近づけたものにするために活用します。

たとえば、このようにプロファイルを作ります。

名前：佐藤英次
年齢：52歳
住所：横浜市青葉区もえぎ野
職業：ＩＴ会社経営
年収：２６００万円
住居：１戸建２世帯（１２０坪・駅徒歩10分）
家族：妻、子２人（高校１年男子、大学２年女子）、両親
価値観：良いもの、本物を長く
趣味：夫婦での食べ歩き、旅行
ライフスタイル：平日は仕事が忙しく夜10時以降帰宅、月に２～３回の休み

面白いもので、これだけでスタッフ間で顧客像がはっきりし、ディテールやニュアンスまでがつかまえやすくなります。製品や事業なら、コンセプトを使って届ける。

ただし、**注意しなければならないのは、あまり詳細につくり込みすぎないこと。なぜなら、**

**ここに現れたのは送り手側の想像による勝手な「理想の顧客像」だからです。**

つまり、いそうでいない。さらに、つくるだけで送り手側が満足し、それ以上、顧客像を掘り下げるのをやめてしまうこともあります。

**現実の顧客は、もっとドロドロと人間くさく、かつ千差万別です。**「ペルソナ」は、入れ込みすぎると本当の顧客の息づかいを感じられなくなってしまう恐れがあります。**思考実験として行い、ザックリと扱っておくのが「ペルソナ」のコツでしょう。**

## 【資産】　顧客の調査は「私」から始める

商品や事業、サービスのコンセプトを生み出すには、そのコンセプトでもって届ける相手、つまり**お客様の行動や心理を探り、そうした行動や心理のベースにあるものを発見しなければなりません。**それが**インサイト**（insight）です。

インサイトとは、直訳すると「洞察、明察」ですが、マーケティングでは**ユーザー自身も意識していない、ユーザーの心の奥にある本音、本心**といった意味で使います。

大手企業や行政であれば事業のスタートは調査会社に依頼して市場調査を行うことから始め

ることが多いようです。ある一定量以上の対象のユーザーの動向や意識を数値として把握するために行うのが「定量調査」。実際のユーザーや非ユーザーなどに集まってもらい、グループインタビューなどで数値化できないユーザーの意識を知ることを「定性調査」といいます。

注意しなければならないのは、お客様の傾向は、こうしたマーケティング調査や作業でもある程度分かりますが、それはあくまで収集・加工されたデータだったり、グループインタビューであっても、往々にして個別の声や思いはそこからは抜け落ちているということです。

**ユーザー自身も気づかないインサイトを探るには、観察をするしかありません。**

**まず、最初に調査・観察するのは「あなた」です。**

発信側、つくり手になってしまうと、ついお客様と自分は別だと考えてしまいますが、それは大きな間違いです。なぜなら、私たちは顧客として過ごす方が圧倒的に多いからです。家、クルマ、保険、結婚式などの一生に一度とか数度しか購入しない高額なものから、旅行、グルメ、スポーツクラブ、映画などの体験型サービス、歯ブラシなどの日用品、食料品までユーザーとして過ごさない日は1日たりともないはずです。あなた自身の中に、膨大な顧客体験が眠っているのです。この膨大な蓄積を活かさない手はありません。

そのときに、もっとも見てほしいのは「不」の7つの瞬間。ネガティブな体験です。

不満……対価に見合わない。期待はずれ。
不足……足りないものがある。不足感がある。
不備……期待したものがない。備わっていない。
不要……いらないものがある。余計だと感じる。
不安……よく分からない状況。理解できない。
不当……正当な扱いを受けていない。
不在……あるはずのものがない。いるはずの人がいない。

次に見てほしいのは、3つの瞬間。ポジティブに分類される体験です。

「つい」…………無意識のレベルでそちらに手が伸びる。
「なんとなく」……好きだ、いいなあと思ってしまった。
「いいね」………明らかに心が動いた。

「不」と「つい、なんとなく、いいね」は事業や商品のヒントの宝庫。コンセプトの下地になります。

## コンセプトの土台になる資料をつくる

これまでで次のことが明確になってきました。

【現在地】
①　世界／日本／分野（未来への動向）

【資産】
②　競合（ライバルを設定）
強みと弱み（自分たちの強みと弱みの割り出し）
③　顧客像（ターゲット、ペルソナ、インサイトの割り出し）

これらをA4用紙・3枚の資料にまとめます。

コツは文字数をできるだけ減らし、知らない人がサッと読んでも理解できるようにすること。

4枚以上にはしません。ページ数を増やすほど複雑になり、他の人との共有が難しくなります。

**1枚目は「現在地シート」です。【現在地】**で把握した世界、日本、関係業種の動向を3つのブロックに整理して、分かりやすく書き入れます。**「〜の時代」の項目は、あなたなりにすべてをひと言で表現してみてください。**

たとえば私であれば世界には「国境消滅の時代」「移動フリーの時代」。日本に関しては「下りを考える時代」「模索の時代」。分野は家電であれば「直感操作の時代」「行動デザインの時代」などと書くかもしれません。

■図表5　①現在地シート

| | | |
|---|---|---|
| 世界 | | |
| | ひとことで言うと　　の時代 | キーワードBOX |
| 日本 | | |
| | ひとことで言うと　　の時代 | キーワードBOX |
| 分野 | | |
| | ひとことで言うと　　の時代 | キーワードBOX |

**キーワードBOXには、その項目の言葉で重要だと思ったものをすべてピックアップします。**ＢＯＸはすべてのシートにあります。キーワードはコンセプトづくりの種になるものです。直感的にこれだと思ったものがあったら入れていきましょう。語数に制限はありません。

**2枚目は「競合／強み弱みシート」です。【資産】**のところで整理した競合と自社の強みと弱みを書き入れます。いちばん上にビジョン、ミッションを記入します。ライバルと自社を左右に分け、それぞれの項目をできるだけ対応させると分かりやすいでしょう。

■図表6　②競合／強み弱みシート

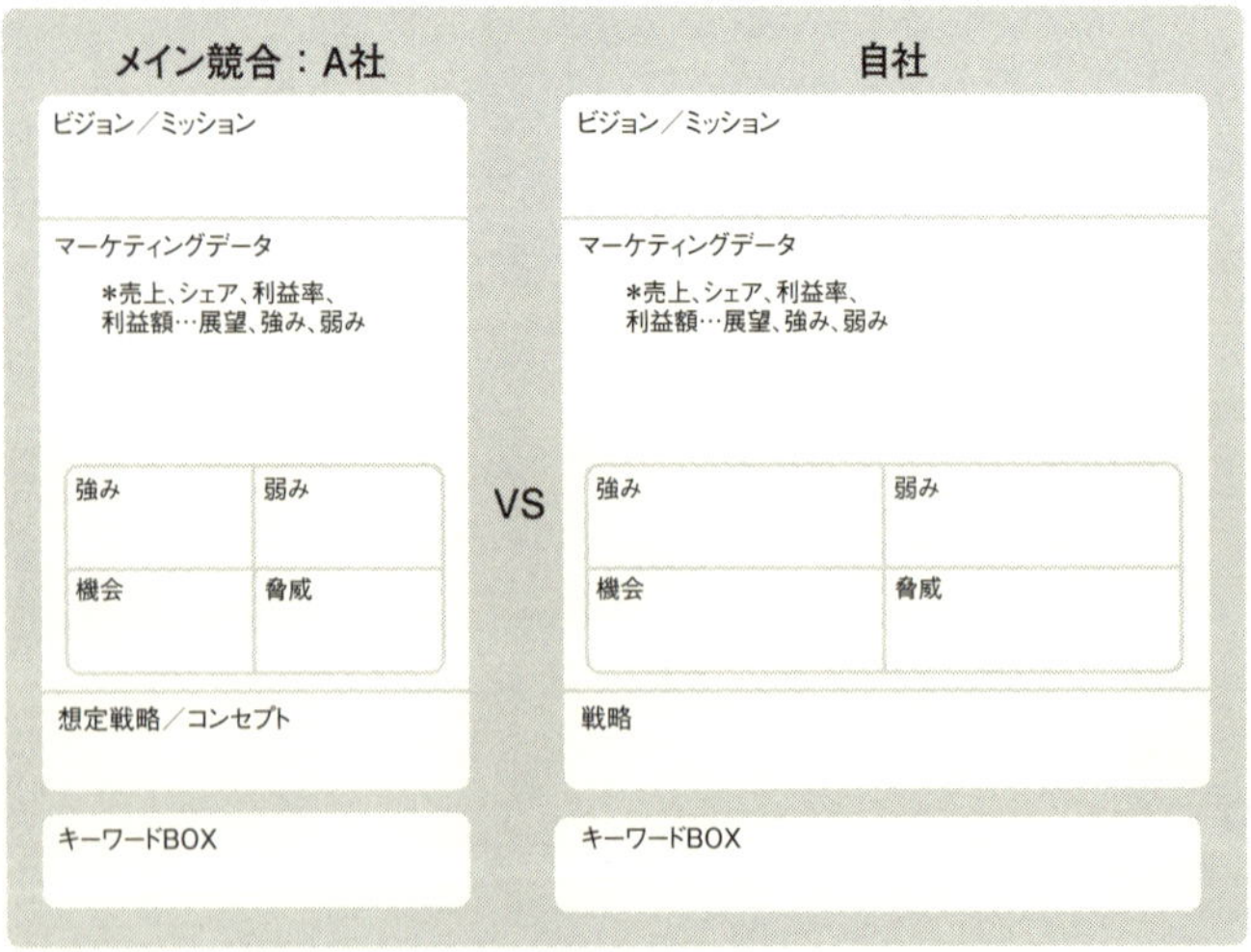

**3枚目は「顧客像シート」です。**想定している顧客情報を書き入れます。ペルソナをつくってイメージ写真を入れておくと、誰に対するコンセプトかがブレにくくなります。ただペルソナはあくまで架空の人物像。頼りすぎずに頭の隅に入れておくぐらいの気持ちで扱ってください。最後にインサイトを記入します。

この3枚のシートがコンセプトをつくる土台の資料、家の基礎。これらをコンセプトづくりのための第一次資料とします。次のステップに入りましょう。

■図表7　③顧客像シート

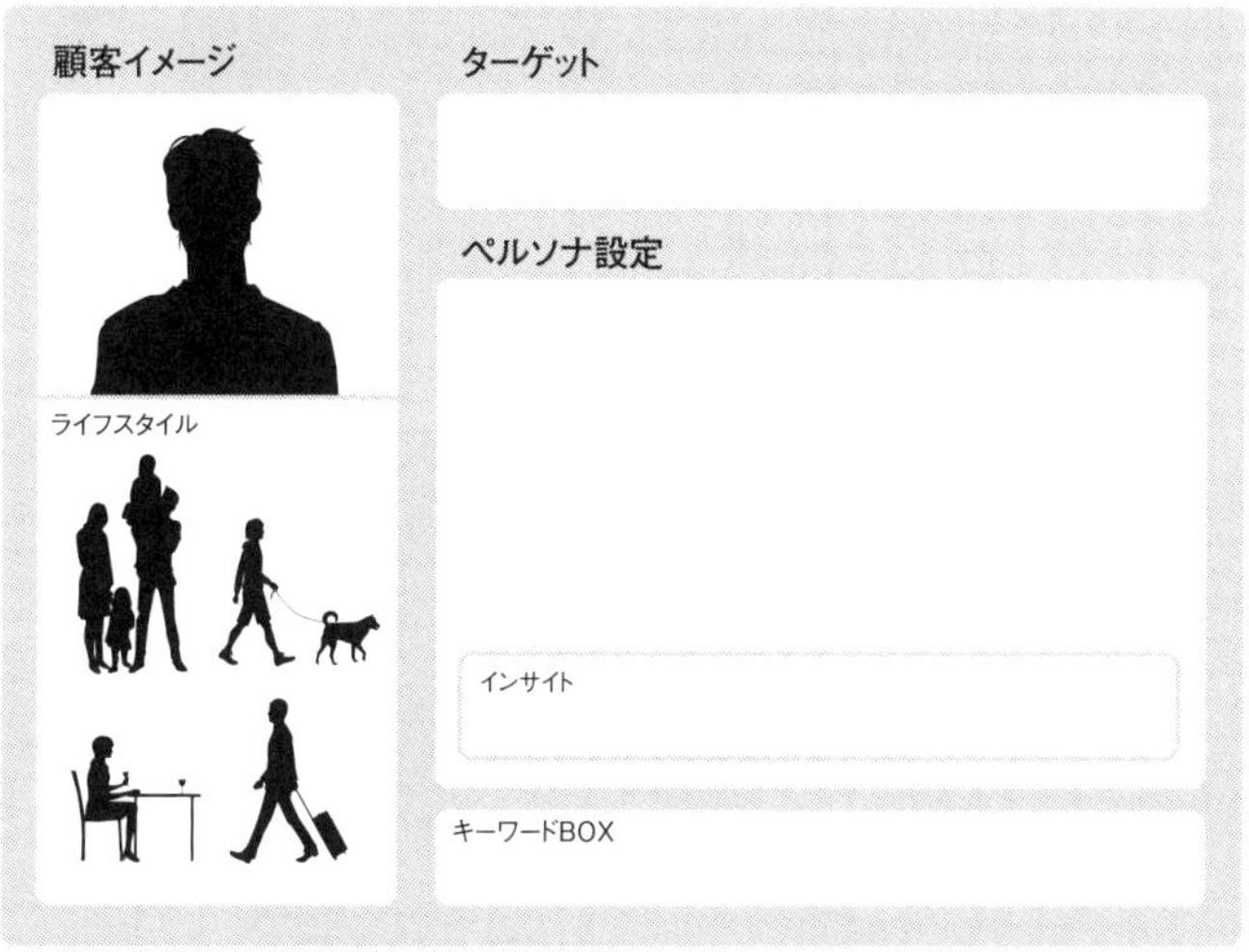

# 第五章

# 最高のコンセプトのつくり方

## コンセプトは「発見するもの」

コンセプトづくりで思い出すのは、名探偵ホームズや刑事コロンボの事件解決です。彼らは、いまそこにある事実を積み重ねて素直に見ることから事件にアプローチします。できるだけ自分の先入観や思い込みを排して、いまの状況を客観的に捉えるということです。

ホームズの場合は「何が起きたのか」「起きるべきなのに起きなかったことは何か」という視点で見つめます。コロンボであれば「犯人も自分も見落としてしまっているものは何か」という視点で、事件のまわりにあるものを観察していきます。そして、盲点とでもいうべきものを発見あるいは思い出します。

こうやって書いていると、事件解決とコンセプトづくりは本当に似ていると思います。なぜなら**「コンセプトをつくる」は、実際は「コンセプトを発見する」に等しい**からです。私は仕事で四六時中コンセプトにかかわっていますが、ほぼ、どんなコンセプトも毎回必ず「発見」されます。

体重計のメーカーだったタニタが、瀕死の赤字状態から立ち直り、現在のタニタ食堂まで続く道のりをつけられたのは、社員のみなさんの必死の努力もあったでしょうが、それ以上に3代目の社長であった谷田大輔さんが、自分たちのコンセプトを「タニタは、『はかる』を通して、世界の人々の健康づくりに貢献します。」つまり「タニタ＝健康をはかる会社」だと変更し、自分たちのビジネスの領域を思い切って変えていったのも大きいと考えます。

タニタは体重計のメーカーでした。アナログからデジタル計測へと世界でも初めての道のりを歩いていても、売上のほぼ１００％を体重計などの計測装置が占めているなら、製造会社という考え方から離れるのは容易ではありません。

しかし、体重をはかる意味合いを掘り下げていった結果、人が体重をはかるのは何よりも健康のためだという見方にたどり着きます。そして「健康」というキーワードで自分の会社を見直すと、すべてが人間の健康のためにある製品であり、技術であることに気づいたのです。刑事コロンボであれば「そう、見落としていたんです。あなたも私も。健康をはかる会社だと！」と言いそうな瞬間です。

この**気づきこそがコンセプトの発見の瞬間**なのです。

**コンセプトが発見されると自社の意味、製品の意味、技術の意味が一瞬で組み替わり、まったく新しい意味合いを持って現れてきます。**

タニタも新しいコンセプトで自社を見つめたとき、いままでと違う光景が広がっていたに違いありません。なにせ「計量機メーカー」から「健康をはかる製品を提供する会社」「健康をはかる会社」に変わったのですから。市場の規模、顧客層、製品の広がりやアイデア、価格戦略……。すべて違ってきます。

そこから脂肪計付ヘルスメーターなどの製品が生まれ、大好評を博し、さらに体重計ビジネスから体重ビジネスへと移行していきます。

この変化がなければ「タニタ食堂」の本の大ヒットも、リアル店舗である「タニタ食堂」の開店もなかったでしょう。

タニタの「健康をはかる会社」は、チェックすると、先にあげたコンセプトの4つの働き、3つの性質を持っていることが分かります。

**働き**

1. 力を束ねる……………計量機メーカーの持てる資源すべてを活用できます
2. 在り方を決める…………新しい在り方「健康をはかる」を提示しています
3. 行動を指示する…………健康に寄与するビジネスへの転換を指示しています
4. 価値を最大化する………タニタの持つ潜在力を最大化しようとしています

**性質**

1. 本質とつながっている……基本の「はかる」から一切外れていません
2. 寿命がある……………健康は永遠のテーマ。寿命の長いコンセプトです
3. 決断に左右される………会社の行く末を真剣に議論しトップが決断しています

## コンセプトは分かりやすく明解であること

コンセプトでよく見かけるものに、キャッチフレーズふうの言葉、自分たちの売りやセールスポイントを列挙したような〝コンセプトもどき〟があります。これは私が担当するブランディング・セミナーでも受講生がよくやってしまうミスです。次にあげるのは、私が適当につくった〝コンセプトもどき〟です。どこの企業のものでもありません。

「夢・創造・貢献」
「ベストクオリティを追求する」
「あなたのビジネスをＩＴで生まれ変わらせる」
「全国に笑顔を届ける」
「一歩先のイノベーション」
「食卓へ健康なおいしさを」……

残念ながら、いかにも理念的な、こうした言葉は企業の思いや考え方もしくは目標を、ある程度伝えてはいてもコンセプトと言うことはできません。なぜコンセプトと言えないのかというと、本質としっかりつながっておらず、誰でも言えそうな「ゆるい概念と言葉」でできているからです。

「夢・創造・貢献」と言われても、この言葉を掲げるのが、地方自治体なのか、学校法人なのか、クルマメーカーなのか、はたまた商社なのか判断できません。

「一歩先のイノベーション」「食卓へ健康なおいしさを」と言われても、何をどうするイノベーションなのか、何がどう健康に良いのかはっきりしません。

これらのフレーズは誰が発信しても、なんとなく通用してしまうような、おぼろげな中身でできています。あなたの企業や事業あるいはあなた自身が、いま、この世界でやるべきことを突き詰めると、もっと狭い概念、もっと明確な言葉に行き着くはずです。

「とらや」の理念である「おいしい和菓子を喜んで召し上がって頂く」には何の飾りもありません。先祖代々、数百年営々と続けてきたことをそのまま表現しているだけです。日本中の誰が読んでも誤解することのない当たり前の言葉が並んでいます。これでいいのです。**コンセプトは、奇をてらう必要はまったくありません。しかし、誰にでも意味の分かる明解さが必要で**

す。コンセプトは理解されてこそ力を発揮するからです。

## コンセプトはできるだけ短く

私が大好きなコンセプトに明治大学ラグビー部のものがあります。戦前の1929年から96年まで明治大学ラグビー部の監督だった北島忠治さんが残したものです。

**「前へ」**

**彼が明治大学ラグビーのために言い続けたひと言は「前へ」です。**

私はテレビの前でシーズンになると、よく大学ラグビーの試合を見ます。明治大学は大学ラグビーの名門です。北島監督がいたときの明治大学のラグビーは、重量級フォワードがボールを持ってゴールへ突進する姿が印象的でした。

ラグビーというスポーツでは、ボールを前進させるには、ボールを持って前へ走るか、キックしたボールを落下地点でキャッチするしかありません。パスは後方にしか許されていませんし、タックルで倒されたらボールを手放さなければなりません。前進することが困難なスポーツなのです。

だからこそ「前へ」なのでしょう。

その戦略ゆえ明治大学は屈強な重量級のフォワードが揃っており、ボールを持ったら最短距離でゴールを目指します。タックルされてもなかなか倒れず、ぐいぐいと押していくラグビーは本当に迫力がありました。


これほどシンプルにスポーツの戦略を表した言葉を、私は他に知りません。

わずか2文字。見事なチームコンセプトです。短いがゆえに、そして明解であるがゆえに誰もが一度聞けば理解し、記憶します。

**コンセプトは、核心をついたものなら短ければ短いほどいい。できれば20文字以内におさめてください。**

なぜならコンセプトは記憶に残ってこそ力を発揮するからです。長い場合は記憶しにくい。長いほどコンセプトは力を失っていきます。

## コンセプトのためのヒント採集会議

現在地を把握し、資産の棚卸が済んだら、チームでブレーンストーミング（略称：ブレスト）を行います。次のものを用意します。

・第一次資料（3枚セット）
・A4コピー用紙をたっぷり
・太書きマジック
・テープ
・ICレコーダー

いまから行うのはコンセプトのためのヒント採集会議です。もし、可能ならICレコーダーなどで録音することをお勧めします。書記役を決め、アイデアやキーワードが出たら一語ずつA4用紙に記入し、部屋の壁に貼っていきます。

第四章で作成した3枚の資料を前に、チーム一人ひとりが頭の中にあることをスッカラカンになるまで吐き出します。遠慮はいりません。チームリーダーから率先してアイデアを出していってください。

**ブレストの大事なルールは、他人のアイデア、意見を否定しないことです。**

否定は萎縮を招きます。特に日本型組織はその傾向が強く、まわりの空気を読み、遠慮のかたまりとなる人が続出します。国際会議で「会議で中国人を黙らせて、日本人を喋らせたら成功だ」というそうです（笑）。

だから、**ブレストは逆にくだらない意見やアイデアも歓迎と、会議のファシリテーターが最初に宣言してしまいましょう。**思い切り発想を広げ、いままでにない視点（つまり、これがコンセプトの種です）を出していくことがファシリテーターの最大の役目です。

**私がよくやるのが、まず出席者各自に「自分のあだ名」をつけてもらい、ブレストも含めチーム内の打ち合わせや作業では、その名で呼び合うことをルールにすること**です。

あだ名なので鈴木一郎さんなら「すずやん」「いっちゃん」みたいな崩しはOKですが、「鈴木さん」「一郎さん」は禁止です。「ジョン」「キャサリン」などの英語名でもいいし、「龍馬」「信長」「エリザベス」などの歴史上の人物、あこがれの人をもじって名付けてもらってもかまいません。

他にも、こうしたテクニックとして次のようなものがあります。

**ブレストの場所をいつもと違う場所にする。**可能なら会社から離れることをお勧めします。人はその場にいるだけで思考が制限されます。ホテルの会議室やスィートルーム、レンタルスペース、あるいはメンバーの自宅など、集まりやすく使いやすい場所を設定してください。

**お菓子や飲みものをたっぷり用意し、自由にとれる状態にしておく。**集中して考えると脳は糖分をほしがります。ブレストの最中に自分なりのブレイクを取ることができます。

これらのテクニックはすべて発想を柔らかく保ち、自由な議論を保証するためにあります。ちなみに広告会社のクリエイティブの打ち合わせは、ほとんど、こうしたリラックスした環境のもとで行われます。「いわゆる会議」ではアイデアや切り口は出てこないと思ってください。

さて、次からはステップ方式で、コンセプトの具体的なつくり方を解説してきます。

## ステップ1　自分に良い質問を投げかける

ブレストは1セット最長でも90分程度。1日2セットが限度でしょう。リーダー、司会進行役は、いきなりコンセプトを考えようというのではなく、質問を投げかけていきます。チームのブレスト力は質問力でもあります。

最初に次のことを質問してください。

**「私たちのゴールはどこだろう？」**

要は、何が自分たちの理想状態かということです。ゴール（行き先）が分からないで出発することはできません。みんなで話してゴールのイメージを固めましょう。

グーグルのゴールは壮大です。ホームページには「Googleの使命は、世界中の情報を整理し、世界中の人々がアクセスできて使えるようにすることです。」とあります。最初は枠を設けず、大きく考えてみてください。イワシがクジラを夢見てもいいのです。夢見る権利は誰にも奪うことができません。自分たちの理想状態が何かを考えて言葉にしてください。

出てきた言葉は書記役が1枚にひとつを書いて、壁に貼っていきます。

どうですか？　おぼろげながらも目指すゴールが見えてきたでしょうか？　手近な雑誌や画像検索で、ゴールを表すビジュアルを探して、壁に切り貼りするのもいいでしょう。気分が高まります。

次の質問を投げかけます。

**「私たちの強みは他にないのだろうか？」**
**「私たちの弱みは他にないのだろうか？」**

「②競合／強み弱みシート」のペーパーを前にして答えていきます。

「強み」「弱み」は相対的なものです。

日本式の経営は１９８０年代までは世界最強と言われていました。その特長は「終身雇用」「年功序列」「企業別組合」また「メインバンク制での株の持合い」「各種規制による市場コントロール」「長期的視点での経営」などもそうでしょう。

しかし、インターネットが普及すると同時に世界中の企業の経営スピードが圧倒的に上がります。加えて製造技術の世界各地への移転が容易になることによって「コスト」「ソフト（コンテンツ）パワー」がすべてを左右するようになりました。日本式経営の「強み」は、こうして1990年代の中盤からオセロの石がパタパタと変わるように、一気に「弱み」へと変化していったのです。

こうしたことが、現実の世界にはしょっちゅう起きることを頭に入れながら、見ていきます。意外な強み、弱みが出現するかもしれません。

次の質問です。

**「なぜ私たちが、それを、やらねばならないのだろう？」**

**どんな価値観で、どういう必要があって取り組むのか。自分たちが行わなければならない「必然性」を考えてみてください。**きれいごとかもしれませんが、社会に対する思いや願いが出てくるでしょう。それを書き留めていきます。メンバー一人ひとりの自己実現にかかわることもあるでしょう。どうですか？　出てきましたか？

常に質問に対しては頭の中に残るものがないように、参加メンバーがしっかり吐き出していきます。

**「それは、そもそも何を解決しているのだろう？」**

自分たちの組織、事業、商品は社会の何を解決しているのか。人々のどんな不便を取り除いているのか。暮らし方、感情……何を変えようとしているのか。考えてみてください。

**「それは、どんな喜びをみんなにもたらすのだろう？」**

自分たちのゴールが達成できたときに、人々にはどんな喜びがもたらされているのか。社会はどんな姿に変わっているのか。提供前後で何が違っているのか。想像力を駆使して頭に描いて、言葉にしていってください。

ｉＰｈｏｎｅをつくったときのスティーブ・ジョブズならどう言ったでしょう。「すべてを手の中に入れて持ち運べるんだ！　いろんなものから解き放たれた気分になるよ」とでも言ったでしょうか。

壁がだいぶA4用紙で埋まってきたのではないでしょうか。

さて、次に、これまでとは逆のイジワルな質問をします。それぞれ、自分たちが壁に貼ったものを「本当に？」の質問で見ていきます。


**「本当に、そこがゴールなのか？」**

**「本当に、それは強みなのか？」**

**「本当に、それは弱みなのか？」**

**「本当に、私たちがやる必要があるのか？」**

**「本当に、人々のための解決策になっているのか？」**

**「本当に、人々に喜びをもたらしているのか？」**


**質問の答えを疑います。**壁に貼ったものから、いくつかは、あるいは大量に取り除かれるものがあるかもしれません。良いものをふるい落としていないか、注意しながら、でも「本当にそうだったら」外してください。

**「なぜ、それをゴールと感じるのか？」**
**「なぜ、それを強みと感じるのか？」**
**「なぜ、それを弱みと感じるのか？」**

さあ、どうでしょう？　**答えの背景にある私たち自身の考え方のクセ、思い込みや傾向、確信をあぶり出します。**

必要だと思われる答えだけを拾っていきます。残ったものが「自分たちが行うことができるすべて」です。**やらねばならない「必然性」と、あなたの「強み」を使いながら「解決」することで、多くの人にもたらせる「喜び」が書かれてあります。**

これも、図表8のように1枚のシートにまとめてしまいましょう。まとめると、あなたのゴールシートになります。キーワードBOXには、その項目の言葉で重要だと思ったものをピックアップします。

この本の内容に沿ってシートに書き込むと、手元に4枚のシートが出来ているはずです。「コンセプトの土台になる資料をつくる」（132p〜）で紹介した①現在地シート、②競合／強み弱みシート、③顧客像シートと、下の④ゴールシートです。4枚とも内容も重要ですが、ピックアップしてもらったキーワードも重要です。このキーワードが、コンセプトをまとめるときのネタになっていきます。

■図表8　④ゴールシート

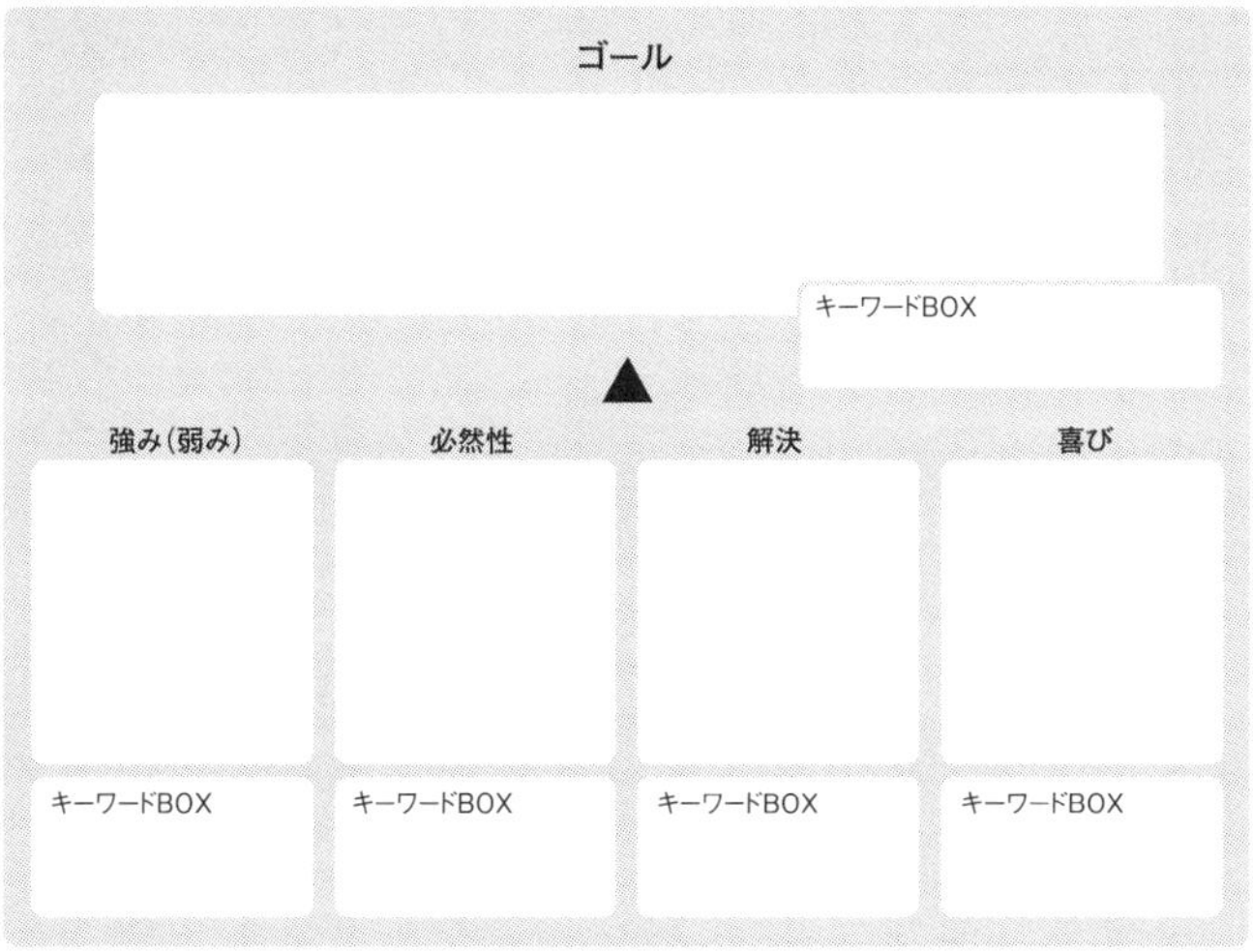

## ステップ2　ポジショニング・マップをつくる

ポジションというとおり、ポジショニング・マップは、自分たちの位置取り、つまりもっとも優位な場所がどこなのかを示す図に他なりません。みなさんもよくご覧になる図表9の十字です。

**無用な競争を回避できるように、このマップでライバルのいない場所を探すのです。**

ポジショニング・マップをつくるときにもっとも大切なことは、それぞれの軸にどういう切り口を与えるのか、ということです。切り口次第で、このマップは武器にもなれば、まったく意味のない落書きになってしまうこともあるからです。

現在地シート、ゴールシートを用意してください。そして、ひとつ前のステップで割り出した「ゴール」へ向かうことを前提に、**自社の強みの中で、もっとも違いがつくれそうな強み、つまりもっとも価値がつくれそうな強みを2つ選び出します。**

イチロー選手を例にとってみましょう。

彼の、他の選手にはない強みには、まず「打撃技術」があります。ただし、この打撃技術は長打タイプのものではなく、類稀な「選球眼」で、来た球種を見分け、「塁に出るヒットを打つという打撃技術」「出塁率」です。さらに、走攻守揃った選手であり、「盗塁の能力」、送球も含めて「守備能力」もずば抜けたものを持っています。素晴らしい運動能力を持っていると言っていいでしょう。また移動距離も長く、年間160試合をこなす大リーグで自分のコンディションを保つのは用意ではありません。イチロー選手は故障が非常に少なく、このあたりの「精神的な力」「コンディショニング能力」も強みでしょう。

　逆に弱みは体格です。もちろん一般人よりは優れた体格と筋肉を持ってはいますが、180

■図表9

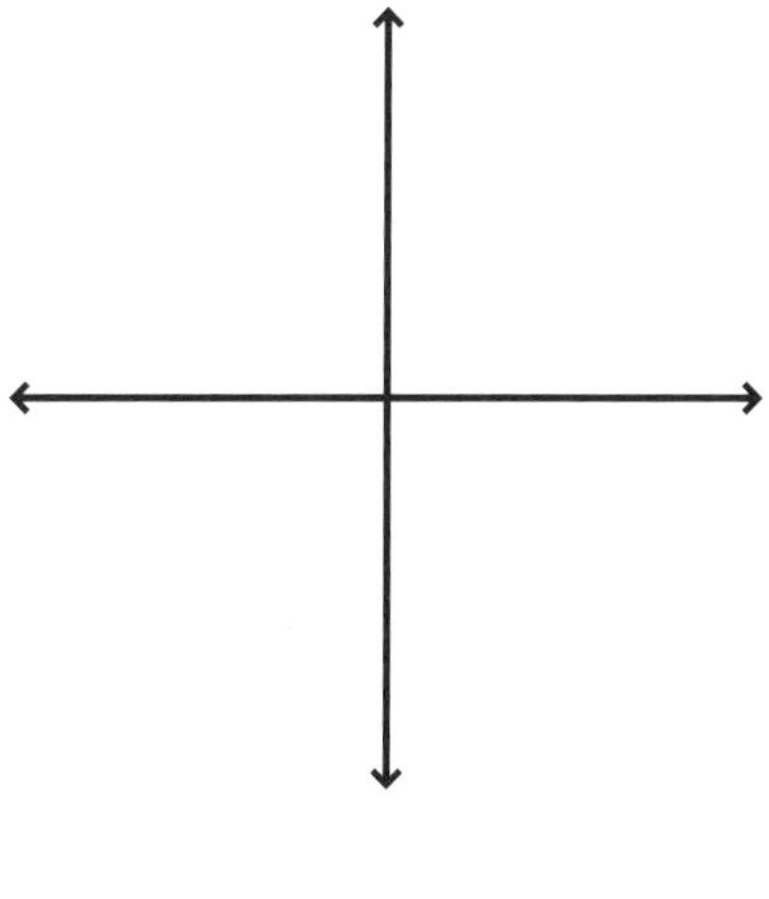

㎝、77㎏というのは野球選手としては、大リーグはもちろん、日本のプロ野球の選手としても細身で小柄な方に入るのではないでしょうか。

しかし、打撃でのパワーを除けばこの弱点を感じさせることはほとんどありません。イチロー選手のポジショニング・マップの強みの2つは「出塁率」と「盗塁の能力」（他も切り口として設定できますが）でしょう。


引退しましたが、ライバルとして松井秀喜選手を設定してみましょう。誕生年もイチロー選手と1年違い。どちらも日本球界が生んだ偉大なバッターですが、松井選手はイチロー選手とは違う強みを持っています。

記憶に残るのが「チャンスでの強さ」です。2009年のワールドシリーズではニューヨークヤンキースが優勝しましたが、打率0・615、3本塁打、8打点という活躍で松井選手がMVPを獲得しました。またヤンキー・スタジアムでの大リーグデビュー試合で、いきなり満塁本塁打を放ったことも忘れられません。

そして「並外れたパワー」「長打力（本塁打率）」。パワーヒッターがいる大リーグでは、どちらかというと中距離打者として活躍しましたが、それでも印象的な長打やホームランを打っています。もちろんパワーだけの選手ではありません。「打撃技術」も素晴らしいものを持っていました。

松井選手も走攻守揃った選手ですが、やはり彼の場合はバッターとしての印象が強いようです。精神的な安定感やコンディショニング能力は、やはりイチロー選手に勝るとも劣らない印象を持ちます。

松井選手のポジショニング・マップ上の2つの強みは「チャンスでの強さ」と「長打力（本塁打率）」でしょう。


イチロー選手の視点でポジショニング・マップをつくると、図表10のようになります。

松井選手の視点でポジショニング・マップをつくると、図表11です。チャンスに強い、弱いという数字的な指標があればさらに的確にポジ

■図表10　イチロー選手の視点でのポジショニング・マップ

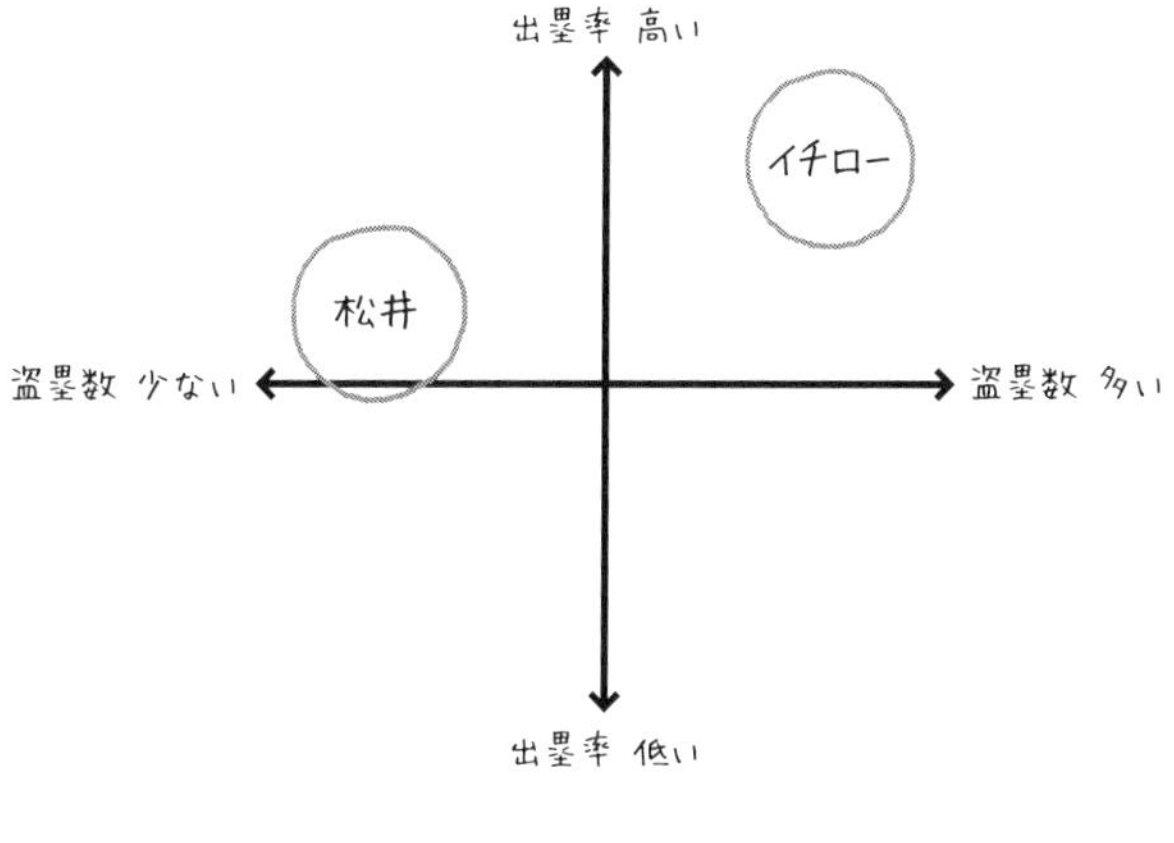

ショニングできると思いますが、印象ではこのような感じです。

ポジショニング・マップはこうやって、自分たちの強みを十字の中の位置取りで明確化していきます。競合相手をマップの中に入れながら、それらの強みで確かな位置取りができるかを確認していきます。


2軸をどう設定するかで、マップの内容はまったく違います。

たとえばイチロー選手をキャラクターとして捉えるなら、サッカー選手やバスケットボールの選手、あるいは歌手や俳優、アニメの人気キャラクターまでがライバルとして浮上します。強みも好感度の高い層がどこか、どんなイメージを抱かれているかなどになってきます。ここ

■図表11　松井選手の視点でのポジショニング・マップ

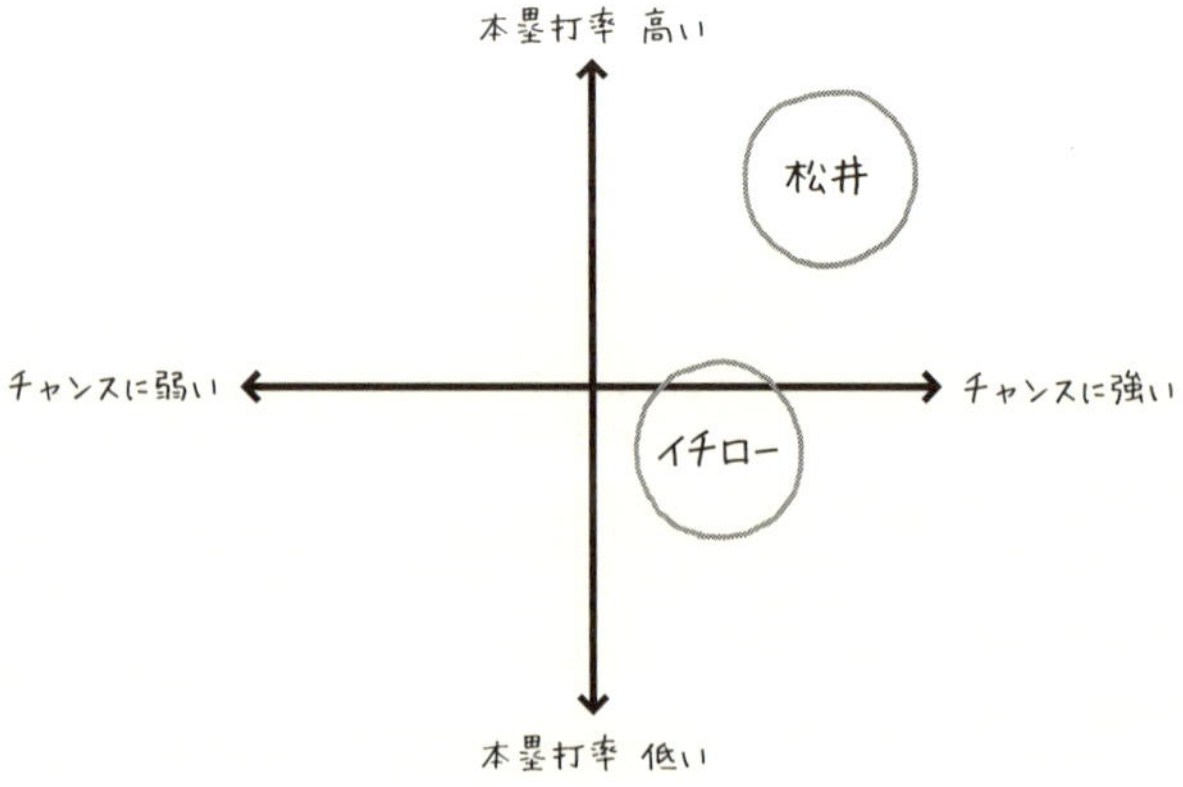

にあるマップとはまったく様相が違います。

また、このイチロー選手、松井選手の2つのマップは「いまどういう状態にあるか」をベースに組み立てていますが、「将来こういう状態でありたい」という未来を先取りしたマップもつくれます。


ゴールを前提にしながら、いくつかの強みを使ってマップをつくってみてください。必ず複数のマップをつくり、どれがもっとも自分たちの強みが発揮できるものか比較検討してください。最後に選んだマップが、あなたが取るべきポジションです。

ここでも他と同様にキーワードをメモします。

■図表12　⑤ポジショニング・マップ

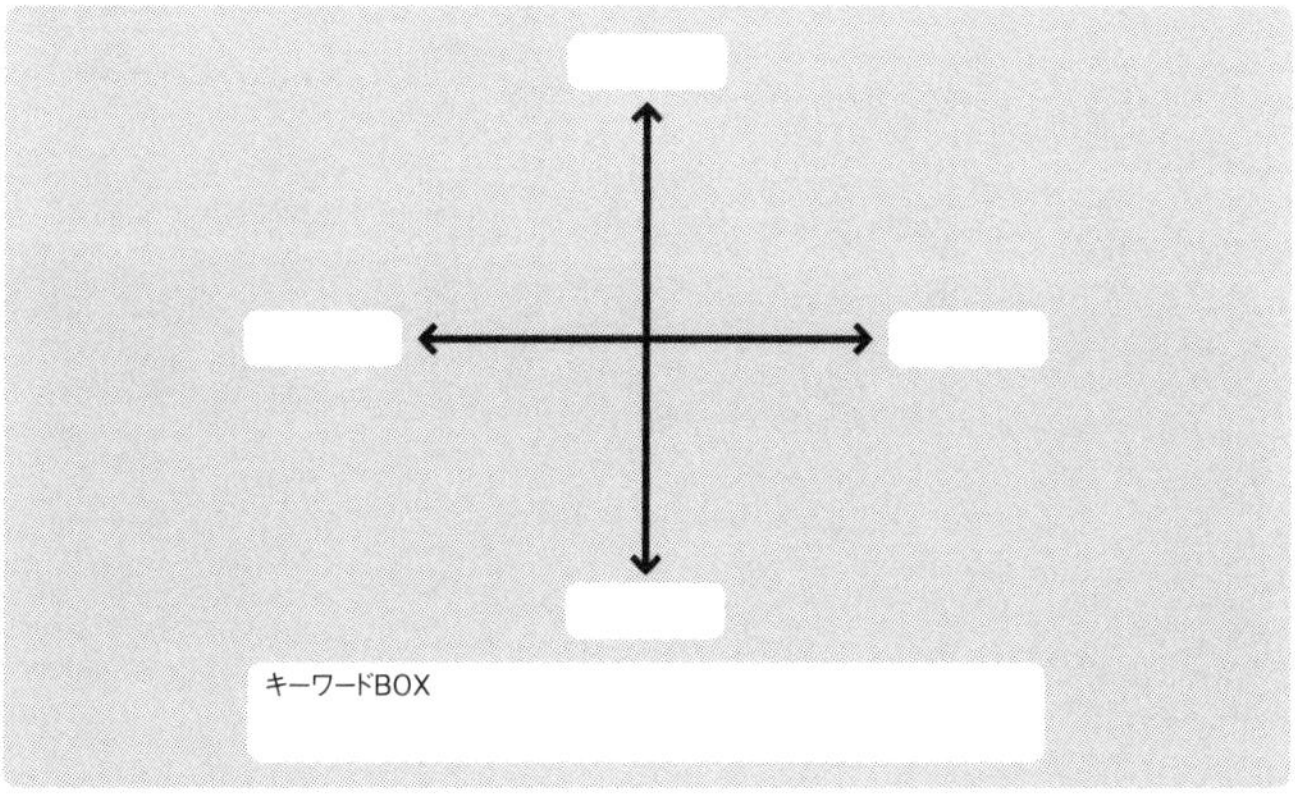

## ステップ3　価値観マップをつくる

現在地シートからポジショニング・マップまで5枚のシートを用意します。各シートにキーワードがピックアップされています。

**キーワードをポストイット1枚（A４用紙でもかまいません）にひとつずつ、すべて書き写していきます。**壁に貼っていきましょう。ランダムな言葉が並んでいます。

どうですか、すべて書き写しましたか。

そして**似た言葉同士、グルーピングしていきましょう。**

壁に、そのグルーピングされた状態が分かるように言葉を貼っていってください。

考え方が似ている、アプローチが似ている、同じ種類の言葉などを集めます。

**ここには、自分たちが大切にしている価値観や物事などが出てきます。**

各グループ内で、どの言葉がより大切なのか、どれを現場で優先しているかを確認しながら、大切な順に並び替えていきましょう。

■図表13　言葉をグルーピングする

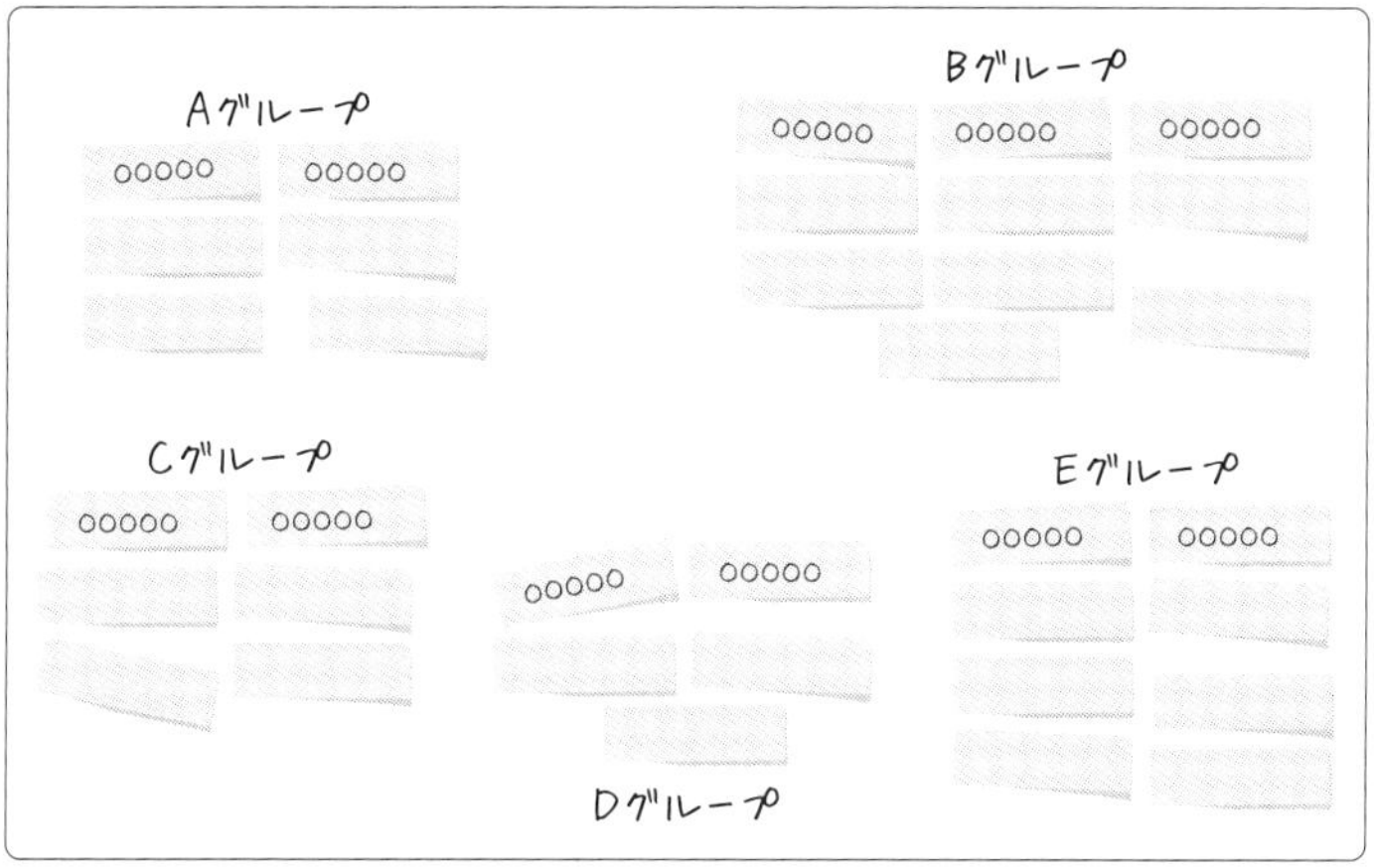


■図表14　⑥価値観マップ

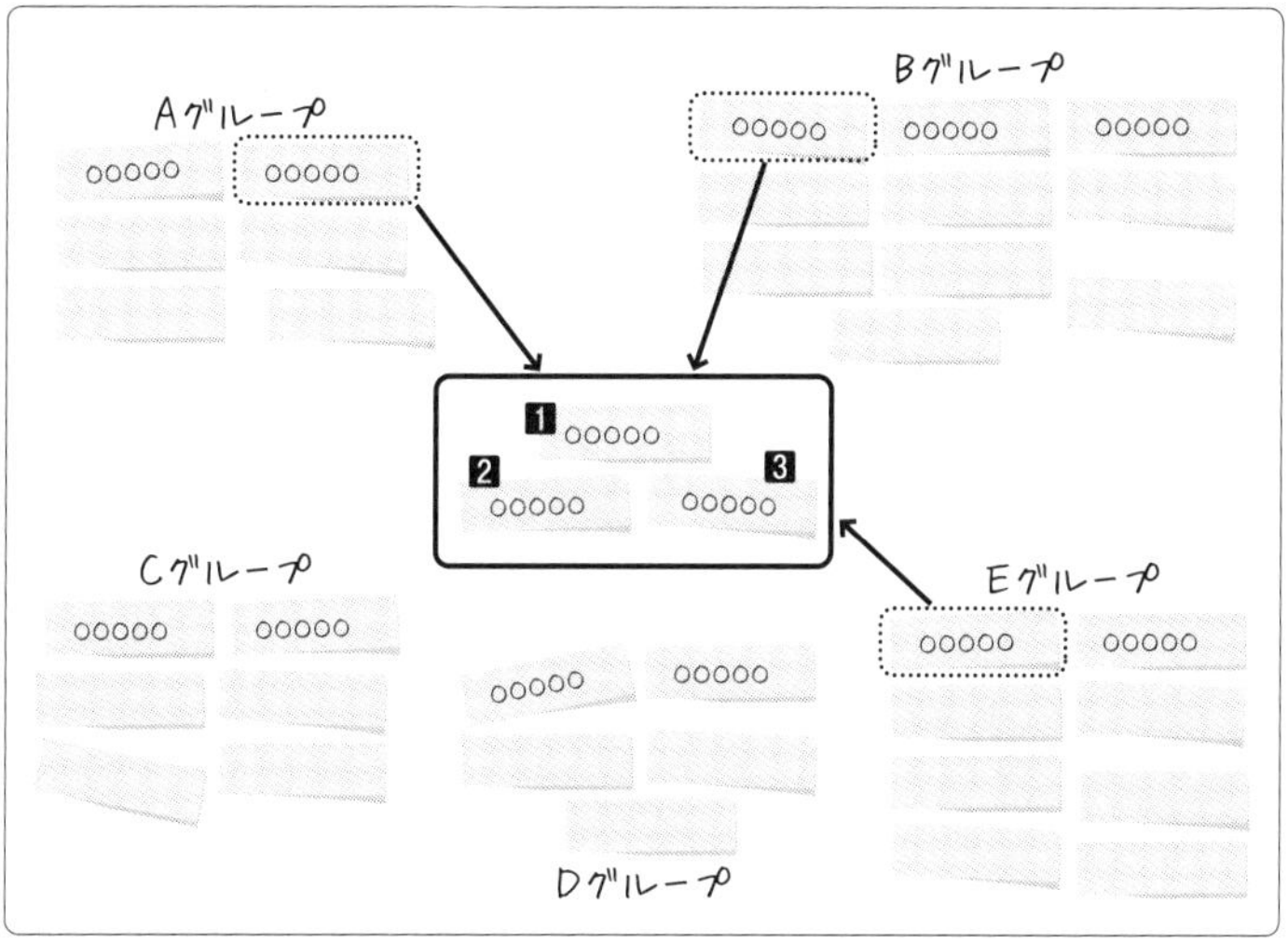

次にグループの垣根を越えて、最も大事だと思えるものを3〜5個、選びます。
これも優先順位をつけてください。

中央部に並んだものが、**自分たちの「ゆずれない価値」**です。ゴールへと向かっていくときに大切にするものであり、武器にもなるものです。

「ゴールシート」と「ポジショニング・マップ」そしてこの「価値観マップ」で、自分たちの「理想の状態」「行くべき場所」「大切にしている価値観」が見えてきました。次に行きましょう。

## ステップ4　自己規定する

前項までで「理想の状態」「行くべき場所」「大切にしている価値観」が分かってきました。では、そこに向かおうとする現在の自分たちは何者なのか。自己規定してみましょう。

あなたの事業はひと言で言うと、どんな事業なのでしょう。ポジショニング・マップを見ながら、現在のポジショニングを短い言葉（20文字程度）で言い切ってください。スタッフが参加して、ブレーンストーミング方式で行っていきます。

見事な自己規定なら、そのままコンセプトとして使えます。コンセプトの半分ほどは自己規定だと言っても過言でないくらいです。

**いま実際に社内で使われている公式用語は頭から取り除いて、実態に即した「これだ！」という言葉を探します。**柔らかい実感的な言葉で自分の会社や事業を規定してみましょう。次の空欄を埋めるのです。

私たちは「　　　　　　　　　　　　　　　　　　」である。

あなたの会社がクルマの製造企業だとします。オリジナルの技術がそれなりにあり、スポーティーでマニアックなつくりのクルマで、熱心なファンが多いブランドです。少ない車種で、カテゴリーの中でのトップを目指しています。しかし、目の前には巨大企業の壁、後ろからは新興国のメーカーが迫っています。次の一手というより、次の次くらいを考えていかないと未来はありません。たとえば、こんな言葉で自己規定するかもしれません。

私たちは「**クルマの楽しみを知り尽くした会社**」である。
私たちは「**志のあるクルマをつくる硬派のモーターカンパニー**」である。
私たちは「**伝統と革新のグッドミックス企業**」である。

あるいは、あなたの会社はユニクロのような製造型小売業だとします。紳士服専門で全国に数百店舗を構え、売上は300億円を超えます。郊外型のロードサイド店ではなく、都市部の駅ナカや、あるいは駅そばで主に展開しています。無難で手堅いデザイン、価格帯で働き盛りの40~50代に売ってきましたが、このところブランドイメージが下降気味。売上も踊り場に来ています。この場合、このように規定するかもしれません。

私たちは「**今日買って明日着る〝働く人のためのクローゼット〟**」である。

私たちは「**程よいお洒落、程よい価格のファッションカンパニー**」である。

私たちは「**日本を支えるシニア・ビジネスマン専用紳士服店**」である。

これらの自己規定は、ポジショニングから出た言葉です。ですから、これらの自己規定のウラには、競合企業の対極的な価値観が隠れています。

自社を「クルマの楽しみを知り尽くした会社」だとするなら、ライバルは「クルマの楽しみを知らない会社」です。簡単な図ですが、図表15のようなポジショニング・マップになります。「志のあるクルマをつくる硬派のモーター

■図表15

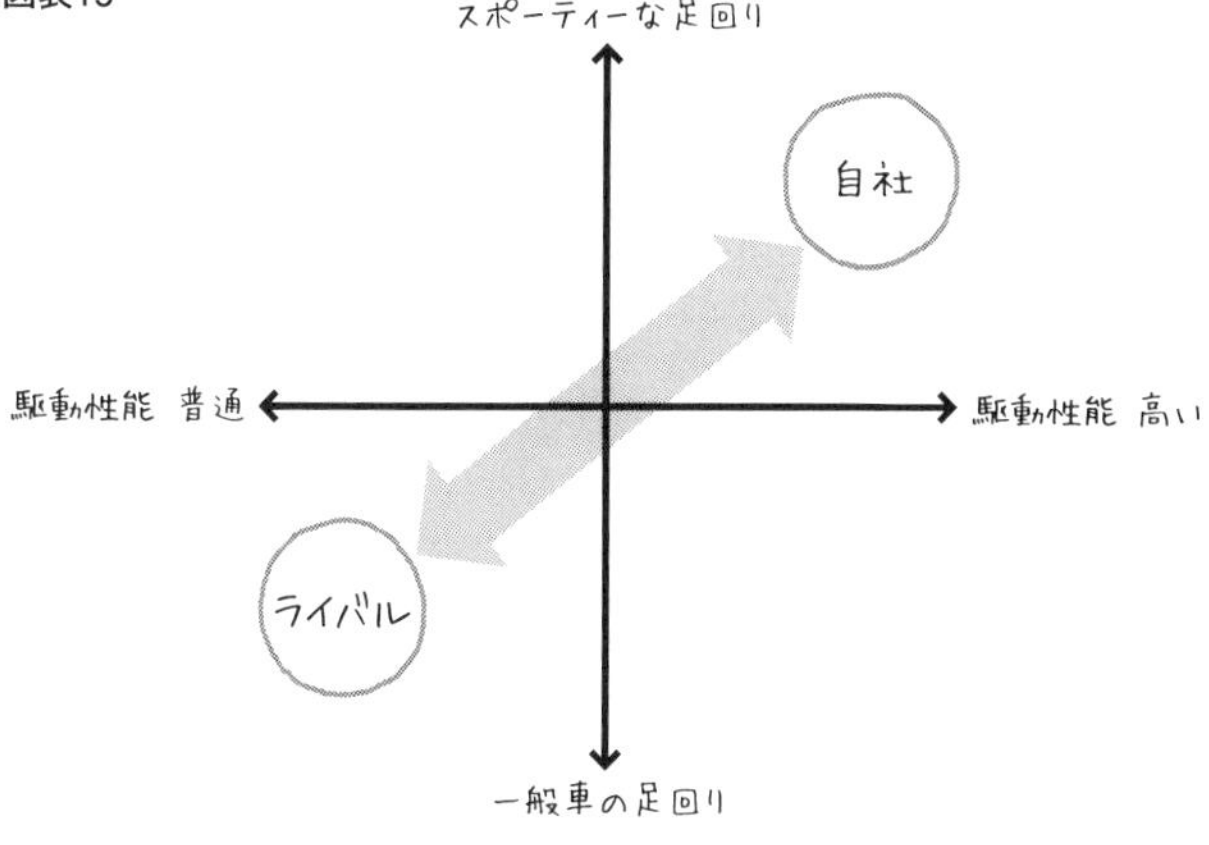

カンパニー」であるなら、競合各社は「ただ売らんかなのクルマづくりしかしていない市場に振り回される会社」でしょう。

自社が「今日買って明日着る〝私の駅前クローゼット〟」であれば、郊外のロードサイドなどで展開する競合は「安いだけで買う手間がかかる、時代遅れのロードサイド店」です。「程よいお洒落、程よい価格のファッションカンパニー」に対して、ライバルは「トータルな提案がない、安いだけ大きいだけが取り柄のチェーン店」です。

もちろん、競合企業が、こんなに簡単に規定できるダメなライバルである可能性は非常に低いでしょう。ただ、このようにして、**相手の特**

■図表16

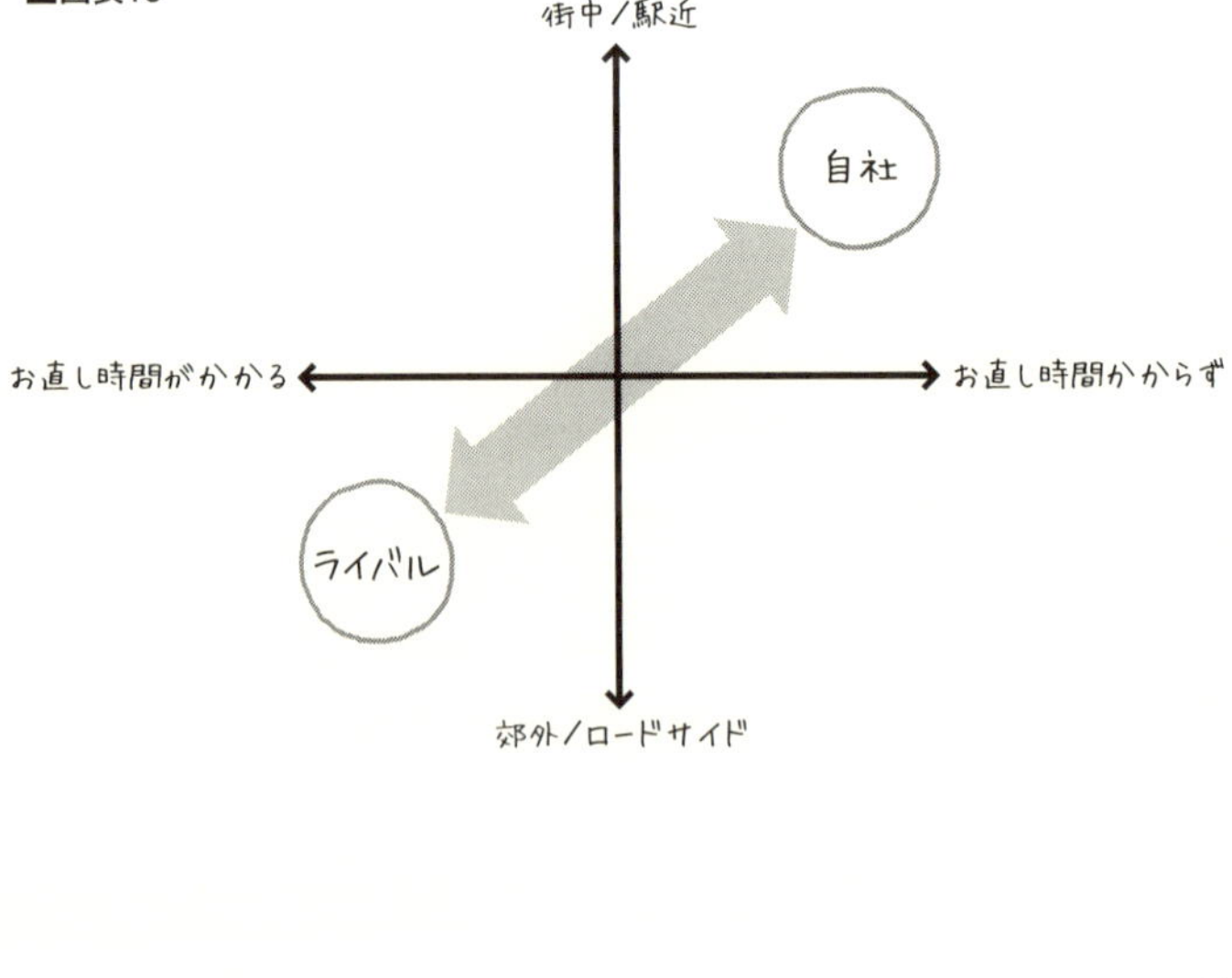

**長を徹底的にネガティブに読み替えると、自社の強みをより明確にすることができます。相手の強みには必ず、その正反対の弱みが隠れているのです。**自己規定をしていく場合、このようにライバルを鏡のように使って自己規定をすると、より自社の規定がつくりやすくなります。

さあ、自社の自己規定はできたでしょうか。候補の中から、もっとも自社をよく表しているものを選んでください。1枚の紙につき、1行書き写します。

いかがでしょうか。そのままコンセプトとして使えそうですか？　使えそうなら、コンセプトの4つの働きと1つの性質（性質のうち「2　寿命がある」「3　決断に左右される」はチェック不要です）を持っているかをチェック。さらに6枚のシートと矛盾しないか、内容を反映しているかチェックしてみてください。

## ■コンセプト・チェックBOX

☑ 現在地シート
□ 競合／強み弱みシート
□ 顧客像シート
□ ゴールシート
□ ポジショニング・マップ
□ 価値観マップ

**働き**
□ 1. 力を束ねる
□ 2. 在り方を決める
□ 3. 行動を指示する
□ 4. 価値を最大化する

**性質**（1のみをチェックします）
□ 1. 本質とつながっている

OKなら、この時点でコンセプトは完成です。まだ微妙にずれていたり、何かが足りないと感じるなら次のステップへ進みます。

## ステップ5　コンセプトの種類を決める

コンセプトとは、目標を達成するための原理・原則を短くコンパクトにまとめた言葉です。**使い方によって、おおよそ3つの種類があります。**自分たちに必要なコンセプトはどのタイプか決めてください。

### 1. 戦略の〝どうやるか〟を突き詰めたHOW型コンセプト

明治大学ラグビー部の「前へ」は戦略の〝どうやるか～HOW〟を突き詰めたもの。フォワード主体で、前へ押し出していくスタイルをベストと判断し、選手集めからゲームプランから、まったくブレなく一貫性を保って実行されてきました。「前へ」は、方法論を突き詰めたコンセプトです。ポルシェの「壊れないプレステージ・スポーツカー」は、3番目のBEING型のニュアンスも持っていますが、赤字企業を再生させたHOW型のコンセプトです。

### 2. 市場のルールを変えるCHANGE型コンセプト

iPhoneは、コンセプトらしきものが見当たりません。スティーブ・ジョブズがプレゼンテーションの場で語った「電話を再発明する」くらいです。アップルは、あれほど革新的な製品を世に出しながら、ミッションやビジョンが明確でない会社でもあります。ジョブズ自身がミッションであり、ビジョンであったのかもしれませんが。２００７年に登場したｉＰｈｏｎｅの画期性を疑う人は誰もいないでしょう。電話の概念さらにはＰＣの概念をも変えてしまいました。ｉＰｈｏｎｅの開発コンセプトを後づけでつくってしまうなら「電話ができ、機能を自由にカスタマイズできる、手のひらサイズのタブレット型ＰＣ」でしょうか。

ソニーの初代ウォークマンも当時はありそうでなかった商品でした。「高品質な音楽をポケッタブルなサイズで外に持ち出す」という発想そのものがなかったのです。

坂本孝さんが創業したブックオフや俺のイタリアン、俺のフレンチも、このＣＨＡＮＧＥ型コンセプトです。ブックオフは、本を新旧だけで査定して買い取る「新古書店」というまったく新しい業態で旋風を巻き起こしました。俺のイタリアン、俺のフレンチも「ミシュラン星付きの味を超低価格の立ち食いで」というありえない業態で大ヒットさせました。

**ＣＨＡＮＧＥ型コンセプトは、文字通り市場のルールを変え、市場や製品そのものの意味合いまで変えていくコンセプトです。ＣＨＡＮＧＥ型の場合、製品やサービスの規定そのものがコンセプトです。**この中にはＨＯＷ型の意味合いも、次に解説するＢＥＩＮＧ型の意味合いも入っています。もっとも衝撃力の大きいコンセプトかもしれません。**いままでにない製品や事**

**業を生み出すときには、こうしたコンセプトが必要になります。**

### 3．自分たちが〝どう在るべきか〟を突き詰めたBEING型コンセプト

スターバックスの「3rd Place」は〝どう在るべきか〟を突き詰めたコンセプトと言えます。お店を家でも会社でもない3番目のリラックスできる場所としてユーザーに提供し、利用してもらうことがスターバックスの価値を最大化し、かつライバルがおいそれとは追いつけないポジションを手に入れるいちばんの方法。この思想があるからこそ、直営店方式や集中出店方式、独特のフレンドリーな接客が生まれたのでしょう。

ステップ4で説明した自己規定がこのカテゴリー。企業の存在論を突き詰めると、BEING型コンセプトになります。

自分たちに必要なコンセプトはHOW型でしょうか、BEING型でしょうか。それとも、CHANGE型でしょうか。

## ステップ6　コンセプトのストーリーを描く

コンセプトは、ゴールを目指す最大の武器です。そのためには鋭く戦略の真ん中を貫いて、ゴールに最短距離で向かっていなければなりません。シンプルで強いコンセプトをつくりましょう。

では、いままでつくってきたシートを手元に置いてください。各シートにはそれぞれ意味合いがあります。

**第一次資料**

現在地シート……………どんな環境、流れの中にいるのか
競合／強み弱みシート………自社の強みとチャンスは何か
顧客像シート………………誰が顧客なのか　理想の顧客は誰なのか

**第二次資料**

ゴールシート……………私たちの理想はどんな状態なのか
ポジショニング・マップ……どんなポジションを目指すのか
価値観マップ……………何を大切だと感じているのか

**これらをサッと再確認した上で「コンセプトの土台となる文」をつくります。自分たちが何を達成したいのか、そのビジョンやイメージを200文字以内で書いてみてください。**各シートは一切見ないでつくってください。あなたの頭の中から抜け落ちたものは、不要なものである可能性が高いからです。

これは、いわば**集めてきた材料の中から「必要なかたまり」を取り出す作業**です。

理想の状態を実現するために「何を行うべきか」というところにフォーカスしながら書きます。できるだけ狙いを絞り込むのです。

コンセプトの種類（HOW型、CHANGE型、BEING型）を意識しながら、コンセプト制作チーム以外の人でも読むだけで分かるように書いてください。

土台となる文章をつくるときには次の要素をはっきりさせるようにします。

**誰の【顧客】**
**どんなニーズに【市場】**
**何を【商品、サービス】**
**どのような形で【ビジネスアイデア】**

つくった文章が自分たちのビジネスを、ほぼ言い切れているか。もし言い切れていないと感じたときは、再度つくったシートを見て、何が、どの要素が足りていないかを検証し、不足している要素を文章に入れ込み、コンセプトに必要なエッセンスを取り出します。

HOW型「ポルシェ」、CHANGE型としてはオフィス用品の直販サービスである「アスクル」、BEING型「スターバックス」を例にとって、彼らのコンセプトが生まれた頃（ポルシェ：1992年頃、アスクル：1993年頃、スターバックス：1987年頃）を想像しながら、土台となる文章を事例としてつくってみました。

この本を通して読んでいれば「ポルシェ」「スターバックス」のコンセプトは明らかです。「アスクル」も利用していればコンセプトはご存知かもしれません。いわば答えは分かった状態なのですが、逆算して、この段階からコンセプトがどのようにつくられていったのかを私なりに再現してみましょう。

**「ポルシェ」**

私たちの苦境は私たち自らが招いたものだ。出荷する製品の不良品率がこれほど高い企業に未来はないだろう。私たちは死に物狂いで、こうなった原因を洗い出し、すべてを改め、故障率の低い信頼性に富んだクルマづくりをいますぐ始める。そして、世界中の待ちわびたファンに、輝きを取り戻したプレステージ・スポーツカーを届けよう。

**「アスクル」**

中小企業の事務方やSOHOで働く人々は、文房具やオフィスの備品が切れると、忙しい中でも仕事の手を止めて買いに行かなければならない。この不便さの裏には大きなニーズが隠れている。自社製品の販売チャンネルを拡大するという意味でも、わざわざオフィスの外に出ることなく、カタログを見て電話1本でオフィスに必要なものを翌日に配達してくれるオフィス文具専門の通販サービスを立ち上げる。

**「スターバックス」**

イタリアでは街の至るところに無数のコーヒースタンドがあり、イタリアの人たちは毎日お気に入りの店に仕事の行き帰り、買い物のついでに立ち寄る。バリスタは見事な手際で、さまざまな種類の最高のコーヒーを提供してくれる。彼らにとって、コーヒースタンドで過ごす時間はとても豊かな時間だ。この豊かな時間を、本物の美味しいコーヒーとともに最高のサービスで提供するコーヒーショップチェーンを創業する。

この3つの事例を使って、コンセプトを言葉として磨いていく過程を解説します。ステップ7以降を参考に、自分たちのコンセプトの言葉を磨いて、機能する強いものにしてください。

ちなみに、これ以降、第六章に書かれているコンセプトは、ポルシェの「壊れないプレステージ・スポーツカー」、スターバックスの「3rd Place」、また事例として紹介しているコンセプトを除くと、あくまでこの本の中でのコンセプトづくりの説明のための仮想のコンセプトですので、誤解のないようにしてください。

## ステップ7　要素を抽出して組み合わせる

### ――「ポルシェ」篇――

コンセプト・ストーリーの中から、コンセプトの素材となりそうなセンテンスを3～4つ取り出して、優先順位をつけます。かたまりから不要なものを捨てていきます。あるべきものをかたまりから削り出していく作業です。「ポルシェ」で試してみましょう。

**私たちの苦境は私たち自らが招いたものだ。出荷する製品の不良品率がこれほど高い企業に未来はないだろう。私たちは死に物狂いで、こうなった原因を洗い出し、すべてを改め、故障率の低い信頼性に富んだクルマづくりをいますぐ始める。そして、世界中の待ちわびたファンに、輝きを取り戻したプレステージ・スポーツカーを届けよう。**

1990年代初頭のポルシェは苦境にあえいでいました。前半部は現状認識です。コンセプトは、どこに向かうかを指し示すものなので、現状認識の部分は必要ありません。後半部に必要な要素は揃っています。優先順位をつけて抜き出します。

**① 故障率の低い、信頼性に富んだクルマづくり**
**② 輝きを取り戻したプレステージ・スポーツカー**
**③ 世界中の待ちわびたファン**

赤字を脱しなければならないポルシェは、まず①の「故障率の低い、信頼性に富んだクルマづくり」が最優先です。それがあってこその②であり、①②が揃ってこそ③のファンの喜びも成立します。

ここから、さらに細かく要素を取捨選択し、ひとつの短い文章にまとめ、コンセプトの言葉にしていきます。余分な要素をそぎ落とし、できるだけ分かりやすい言葉に変えてください。

たとえば以下のようにそぎ落とします。①からは少し抽象的で具体性に乏しい「信頼性に富んだ」を外します。②は「輝きを取り戻した」は「輝く」だけにします。③は「世界中の待ちわびたファン」は「世界中のファン」でいいでしょう。

ひとつのセンテンスにまとめます。

**【故障率の低いクルマづくりで輝くプレステージ・スポーツカーを世界中のファンに】**

目指す意味がはっきりしてきました。ただ、まだ日本語で36文字もあります。わざわざ言わなくてもいい「世界中のファンに」を取ってしまいましょう。

**【故障率の低いクルマづくりで輝くプレステージ・スポーツカーへ】**

「クルマ」と「プレステージ・スポーツカー」は基本的に同じことを言っています。「輝く」と「プレステージ」もよく考えると同じ内容です。ダブりをなくしましょう。

**【故障率の低いプレステージ・スポーツカーづくりへ】**

意味が明確になってきました。コンセプトらしくなってきました。これでもコンセプトとして使えますが、さらにブラッシュアップしていきましょう。削り出しは成功しましたが、手触りがまだ粗く感じます。

最後に残ったのは「故障率の低い」「プレステージ・スポーツカー」「づくりへ」という3つのパートです。

今回の戦略を象徴しているのが「故障率の低い」という言葉。でも、このままだと故障率が高いか低いだけで論理的には「故障を前提としたクルマ」になってしまいます。スタッフの士気を最大限引き出すには「故障率の低い」という言葉は変えた方がいいでしょう。

では、どんな言葉に言い換えるのか。「故障」という言葉を禁句にするなら、たとえば次のような言葉が浮上してきます。故障しないことを言い換える言葉です。

「丈夫な」「頑丈な」「びくともしない」
「タフな」「壊れない」「煩わしさのない」
「面倒のない」「厄介じゃない」

差し替えていってみましょう。

**【丈夫なプレステージ・スポーツカーづくりへ】**
**【頑丈なプレステージ・スポーツカーづくりへ】**

【びくともしないプレステージ・スポーツカーづくりへ】
【タフなプレステージ・スポーツカーづくりへ】
【壊れないプレステージ・スポーツカーづくりへ】
【煩わしさのないプレステージ・スポーツカーづくりへ】
【面倒のないプレステージ・スポーツカーづくりへ】
【厄介じゃないプレステージ・スポーツカーづくりへ】

最初の4つ「丈夫な」「頑丈な」「びくともしない」「タフな」は、装甲車やオフロードカーのようにいかつい堅固なだけが取りえのクルマに見えてきます。故障率が低いとは意味が違います。またイメージ的に〝プレステージ〟〝スポーツ〟に似合いません。

最後の3つ「煩わしさのない」「面倒のない」「厄介じゃない」も故障率が低いことによるベネフィットを言い表す言葉です。ただ、運転の「煩わしさのない」というように誤解を招く意味の広さがあります。そうやって絞り込んでいくと「壊れない」が良いように思います。

「壊れない」には「故障率が低い」という意味もあれば、「丈夫な」というニュアンスも「煩わしさのない」という利便性も感じられます。不良品を出さないよう背水の陣で徹底的な改良、改善に取り組み始めているクルマづくりの現場も、誰もがパッと理解できます。

**【壊れないプレステージ・スポーツカーづくりへ】**

最後の「づくりへ」はなくても、その意味合いは通じます。短くコンパクトにまとめ切りましょう。

**【壊れないプレステージ・スポーツカー】**

完成形です。シェイプされた良い形です。コンセプトの4つの働きと1つの性質を持っているかをチェックします。また、6枚のシートと矛盾しないか、内容を反映しているかチェックしていきます。

**私の経験的に、きちんと導き出させたコンセプトほど、まるで最初からそうであったように気持ちよいほど〝ピタリ〟とはまります。**座りが悪い、矛盾する項目が多い場合は、再考の合図です。もう一度、各シートを読み込むところまで戻って、コンセプト・ストーリーをつくって、同じ作業を繰り返します。チーム内でOKが出せたらチーム外の人の反応を見ます。

注意しなければならないのは、人によっては、頭では理解してもコンセプトに拒否反応を示します。だからといってダメなコンセプトではないということです。

良いコンセプトは「現状を変更するパワー」つまり「現状否定」の部分を必ず含んでいます。全員の賛同を得ようとしないでください。改革にとって大切なメンバーが理解・共感を示してくれるなら、それはGOサインです。

## ──「アスクル」篇──

アスクルのコンセプト・ストーリーです。コンセプトの素材となりそうなところに下線を引いていきます。

**中小企業の事務方やSOHOで働く人々は、文房具やオフィスの備品が切れると、忙しい中でも仕事の手を止めて買いに行かなければならない。この不便さの裏には大きなニーズが隠れている。自社製品の販売チャネルを拡大するという意味でも、わざわざオフィスの外に出ることなく、カタログを見て電話1本でオフィスに必要なものを翌日に配達してくれるオフィス**

**文具専門の通販サービスを立ち上げる。**

前半部には、このビジネスが成立する理由がはっきり書かれています。誰のどんなニーズに応え、何を販売するのか。後半はどういうビジネスモデルなのかが書かれています。ピックアップして、優先順位をつけましょう。

**①カタログを見て電話1本で必要な文具事務用品を翌日に配達する通販サービス**
**②中小企業やSOHOの人々**
**③文房具やオフィスの備品が切れると仕事の手を止めて買いに行かなければならない**
**④自社製品の販売チャンネルを拡大する**

①はそれまでにないオフィス文具通販ビジネスを説明するセンテンス。注文すれば翌日すぐ届くというのは、このビジネスモデルの生命線です。だからこそ文具や必需品の備蓄がたっぷりの大企業ではなく②がターゲット。③は大きなニーズの存在を示唆するセンテンスです。④はこの事業を始めた文具・事務・オフィス用品のプラス株式会社のメリットです。

この場合は、①に重要なことは書かれてあります。②と③は、このビジネスの前提ですのでコンセプトに入れなくても大丈夫です。④は展開企業の1メリットにすぎません。除きましょう。

**【カタログを見て電話1本で必要な文具事務用品を翌日に配達する通販サービス】**

もっとムダな言葉を削って短く明解なものにしましょう。

「翌日に配達する」は〝在庫、受注、配送、決済〟という物流全体の新しい仕組みづくりを表現しています。「カタログを見て」「電話1本で」はこの物流の利便性を表す言葉。より上位の概念は「翌日に配達する」になります。「カタログを見て」「電話1本で」は省きます。

**【必要な文具事務用品を翌日に配達する通販サービス】**

さあ、もっと短くできないか。分かりやすくできないか。

「必要な文具事務用品」は何気ない、たとえばホッチキスの針のようなものでもユーザーにとってなくてはならないもの。そういうニュアンスを感じさせる「オフィス必需品」という言葉に変えてしまいます。

「翌日に配達する」と「通販」はよく考えれば同じ内容です。より具体的に強みを言ったものは「翌日に配達する」です。圧縮して「翌日配達」としてしまいましょう。

## 【オフィス必需品の翌日配達サービス】

アスクルのコンセプトは、市場のルールを変えるCHANGE型。自分たちのビジネス規定そのものがそのままコンセプトになります。

コンセプトの働きと性質をチェックします。現在地シートから自己規定まで導き出したものと矛盾しないか、内容を反映しているかチェックします。


アスクルの優れたところは、この注文すると〝明日来る〟システムを「アスクル」という呼びやすいネーミングにしたことです。非常にゴロも良く、覚えやすい特長を持つネーミングで、この通販サービスの利便性を的確に伝えています。

これが「プラスのオフィス必需品翌日配達サービス」であれば、ここまでの成長はなかったでしょう。コンセプトを表現する最高のネーミングを得て、アスクルはオフィス用品通販のトップ企業へと駆け上がります。

## ―――「スターバックス」篇―――

スターバックスのコンセプト・ストーリーは次のようなものです。コンセプトの素材になりそうなところに下線を引いていきます。

**イタリアでは街の至るところに無数のコーヒースタンドがあり、イタリアの人たちは毎日お気に入りの店に仕事の行き帰り、買い物のついでに立ち寄る。バリスタは見事な手際で、さまざまな種類の最高のコーヒーを提供してくれる。彼らにとって、コーヒースタンドで過ごす時間はとても豊かな時間だ。この豊かな時間を、本物の美味しいコーヒーとともに最高のサービスで提供するコーヒーショップチェーンを創業する。**

前半部は、イタリアの生活文化とも言えるコーヒースタンド（ＢＡＲ：バール）のことが書かれています。毎日の生活に溶け込み、暮らしを豊かに彩っていることが見て取れます。ハワード・シュルツさんの体験の部分で、ここはビジョンのようなものです。これを前提にコンセプトはつくられています。コンセプトそのものには必要がないので除きましょう。後半部が重要です。ピックアップして、優先順位をつけます。

**①豊かな時間を、本物の美味しいコーヒーとともに最高のサービスで提供するコーヒーショップチェーン**

**②コーヒースタンドで過ごす時間はとても豊かな時間**

まず①がビジネスアイデアの部分です。コーヒーショップチェーンですからターゲットは、ごくごく一般的な人々になります。彼らに（いままでアメリカで味わうことのできなかった）本格的なコーヒーを、リラックスした雰囲気の中で、最高のサービスとともに味わってもらう。スターバックスの創業当時のコンセプトは、ほぼ①の言葉そのままでしょう。多少言葉を整えたとしても次のようなものになるでしょう。

**【豊かな時間を本物のコーヒーと最高のサービスで提供するコーヒーショップチェーン】**

「提供」は少し味気ないので「創造」に。長いので「チェーン」は削りましょう。次がコンセプトです。

**【豊かな時間を本物のコーヒーと最高のサービスで創造するコーヒーショップ】**

ハワード・シュルツさんの本『スターバックス成功物語』（日経BP社、1998年）には「スターバックスの競合戦略は、最高のコーヒーと最高の顧客サービス、そして魅力的な雰囲気によって顧客を獲得しようというものだった。」（同p.150）とあります。

では、有名な「3rd Place」はどうやって生まれるのでしょうか。

それには**【豊かな時間を本物のコーヒーと最高のサービスで創造するコーヒーショップ】の価値を、顧客の視点で読み替える作業が必要なのです。**次のステップは、どうやって読み替えていったのかを解説します。

## ステップ8　概念を操作することで新しい価値を導く

先ほどつくったスターバックスの仮想コンセプト**【豊かな時間を本物のコーヒーと最高のサービスで創造するコーヒーショップ】**は、彼らのスタイルを表現してはいますが、実際に使われている「3rd Place」とはかけ離れています。

では、どのようにして「3rd Place」という言葉にたどり着いたのでしょう。まず創業当時に、この言葉が生まれたものではないことを明らかにしておきましょう。ハワード・シュルツさんも、当初はまったく異なる場所で、なぜこれほどまでにスターバックスが受け入れられるのか分からなかったようです。

人々の深い欲求に気づいたのは広告会社のリサーチからでした。

顧客へのインタビューではスターバックスへ来る理由を「……社交的な雰囲気を味わうためだ」（同p.158）と言いながら「実際にだれかに話しかける顧客の数は、時間帯を問わず全体の10％に満たなかった……」のです。なのに「どういうわけかスターバックスの店内にいると、ふだんは見知った顔が全く見当たらないにもかかわらず、安心できる世界にやってきたように感じるらしい」のです。

【豊かな時間を本物のコーヒーと最高のサービスで創造するコーヒーショップ】はスターバックスが自身を単純に規定した言葉です。

顧客には別の意味が生じていたのです。

彼らにとって、スターバックスは「本物のコーヒー」を飲める場所、「最高のサービス」を体験できる場所である以上に、「豊かな時間」を過ごせる場所なのです。**サービス業は、顧客体験そのものが商品であるだけに、顧客の視点から自分たちを規定する、つまり自己規定ではなく「他己規定」のコンセプトが必要になってきます。**

では、どうやって、こうしたコンセプトをつくればよいのでしょうか。つくるには**自己規定や、自己規定の中の重要ワードを、解釈の仕方を変えて別レベルの概念で導き出すのです。**顧客の側から自分たちを解釈し直す作業が必要になります。

たとえば「クルマ」の解釈を、ユーザーの視点で、もっと広い概念にしてみます。次の空欄を埋めた文章をたくさんつくってみてください。「顧客にとって」とはしていますが、分かりにくければ「私にとって」としてつくってもらっても結構です。

**「クルマ」は、顧客にとって「　　　　　　　　　」である。**

たとえば、こんな文章ができるかもしれません。

「クルマ」は、顧客にとって「**移動するための道具**」である。
「クルマ」は、顧客にとって「**移動できる空間**」である。

これらの考え方はもう一歩進められます。もっと想像力を刺激するように解釈し直すことができます。たとえば次のように。

「クルマ」は、顧客にとって「**日常の旅の始まり**」である。
「クルマ」は、顧客にとって「**もうひとつの部屋**」である。

以前、トヨタのファンカーゴというコンパクトカーは「携帯空間」というキャッチフレーズで売り出されました。その広いカーゴスペースを「持ち運びできるプライベート空間」と捉え直したのです。

どんな距離でも移動を「旅」と捉えれば「クルマ」の乗る行為そのものが「旅の始まり」になります。この考え方ももっと発展できるかもしれません。

こんどは「クルマ」をもっと狭い意味合いで解釈してみましょう。たとえば次のようになります。

「クルマ」は、顧客にとって「**音楽を自由に聴けるスペース**」である。
「クルマ」は、顧客にとって「**自由に歌えるスペース**」である。

これらの考え方も、もう一歩進められます。

「クルマ」は、顧客にとって「**いつでも行けるミュージック・カフェ**」である。
「クルマ」は、顧客にとって「**ストレスの解消ＢＯＸ**」である。

住宅事情の悪い日本では、大きな音量で自由に好きな音楽が聴けたり、歌えたりするスペースは貴重です。「音楽を自由に聴けるスペース」を、さらにもう一歩突っ込んで捉えたことで、ユニークなキャンペーンも生まれています。

トヨタに、若者向けのワンボックスカーで「ｄｂ（ディービー）」というクルマがあります。トヨタはホンダと違い、伝統的に若者層を取り込むのが苦手でしたが、このｄｂの２００６年のキャンペーンは斬新でした。キャッチフレーズは「トヨタのミュージックプレーヤー」。20代でも手が届く価格と充実した音楽設備を載せた、四角く不良っぽいクルマを、トヨタは「クルマ型ミュージックプレーヤー」と解釈した

■図表17

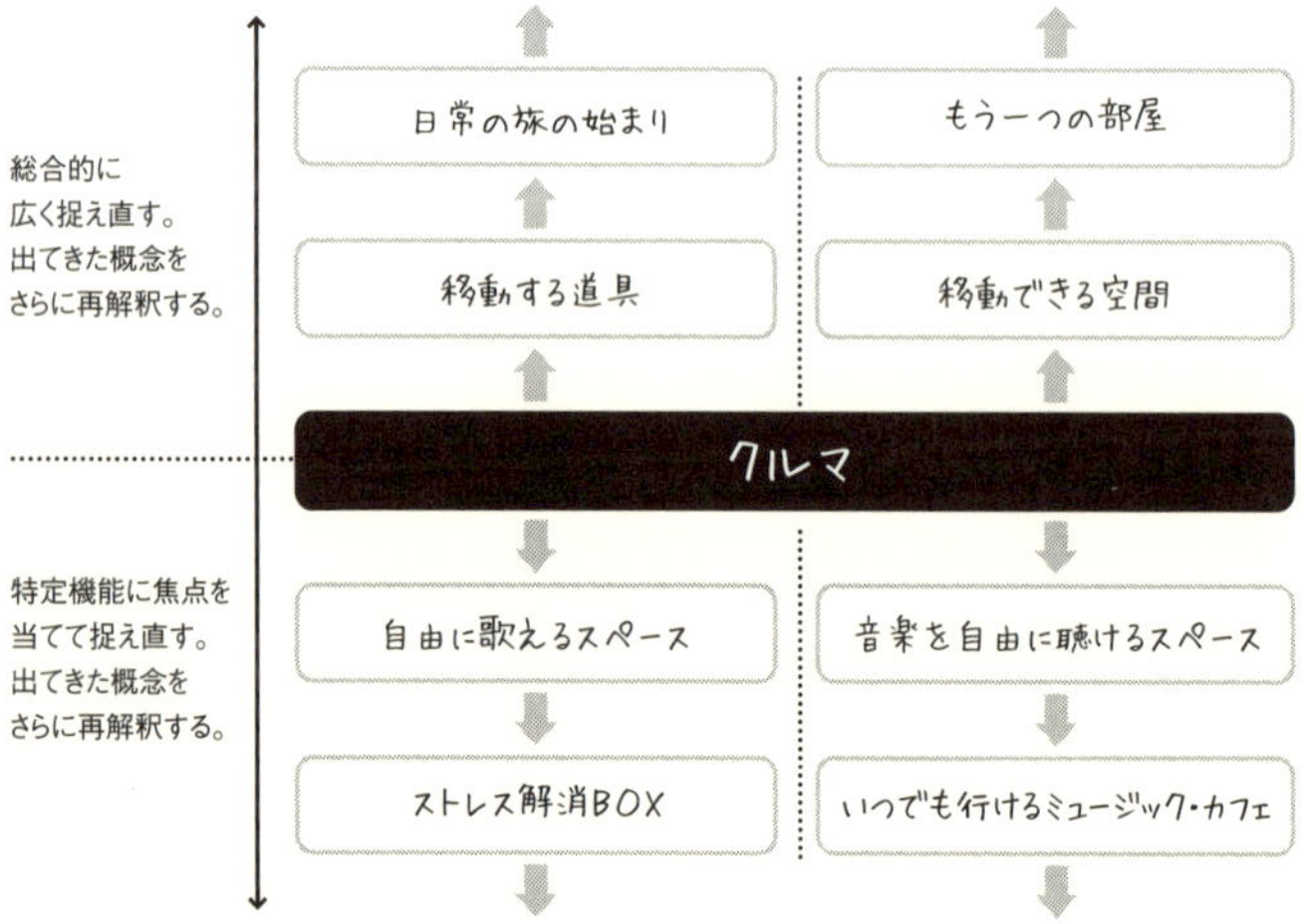

のです。巨大な移動するリスニングルーム付きのミュージックプレーヤーであると。

このトヨタの「ｄｂ」のように、**イメージ豊かな言葉を導き出すコツは、ちょっと極端にやることです。さらに具体的に、何かに例えたり、分かりやすく言い換えてみてください。**色々な発想が出てきやすい状態になります。これらの発想の仕方を図で表すと、図表17のようになります。

## ステップ9　クリエイティブ・ジャンプを起こす

スターバックスに戻りましょう。

スターバックスが、どんな使われ方をしているかを想像しながら、解釈の仕方を変えてみましょう。次の空欄を埋めた文章をつくります。

**「スターバックス」は、顧客にとって「　　　　　　　」である。**

たとえば次のように……

「スターバックス」は、顧客にとって「**最高のコーヒーの味**」である。

「スターバックス」は、顧客にとって「**フレンドリーなサービス**」である。

「スターバックス」は、顧客にとって「**全米No.1コーヒーショップ**」である。

「スターバックス」は、顧客にとって「**コーヒーカルチャー**」である。


コーヒーの素晴らしい味もサービスも直接的なベネフィットではありますが、顧客はその先にある価値に反応しています。とするとスターバックスで過ごすことの意味合いを深めなければなりません。どのような切り口があるのでしょうか。

ユーザーが繰り返し訪れていたのは「どういうわけかスターバックスの店内にいると、普段は見知った顔が全く見当たらないにもかかわらず、安心できる世界にやってきたように感じるらしい」からです。


「スターバックス」は、顧客にとって「**安心できる休憩タイム**」である。

「スターバックス」は、顧客にとって「**ひとりの豊かな時間**」である。

「スターバックス」は、顧客にとって「**いつでも行けるリラックシングルーム**」である。

イギリスのパブやドイツのビアガーデン、フランスのカフェのように、人々が形式ばらずに集って、リラックスしながら交流できる場所は、その当時のアメリカからは消えていました。スターバックスは、仕事場でもない家庭でもない、安心できる場所として、人々の無意識の欲求を満たしていることに気づいたのです。

「スターバックス」は、顧客にとって「**安心して集える会社でも家庭でもない場所**」である。

**【豊かな時間を本物のコーヒーと最高のサービスで創造するコーヒーショップ】**は、顧客から見ると「**安心して集える会社でも家庭でもない場所**」だったのです。ここからは「安心して集える会社でも家庭でもない場所」をどう言い換えるかの作業です。

連想マップやマインドマップのようなもので、言葉を連ねてイメージを広げるのも役立つかもしれません。またWEBから拾ってきたビジュアルをもとに架空のポスターをつくって、そこにキャッチフレーズをつけてみるという方法もあります。絵などの具体物があると言葉は出やすくなります。

私も考えてはみましたが、「3rd Place」のような名フレーズはなかなか出てきません。

「マイ・グッド・プレイス」
「街のクラブハウス」
「ザ・サロン」……

「3rd Place」の場合、「安心して集える会社でも家庭でもない場所」とは何かをロジカルに考えていったときに、家庭を第一の場所、会社を第二の場所と呼ぶアイデアが生まれ、そして、たぶんその瞬間に「第三の場所」というフレーズが誕生したのだと想像します。

この言い換えの作業にこうすればいいという方法論はありません。こうした**クリエイティブ・ジャンプとも言える作業だけは、うんうん唸りながら考えてもらうしか方法がありません。**

世界中で、こうしたクリエイティブ・ジャンプをどうやって行うかという本が出版されていますが、読めば必ずできるようになる本は（私もずいぶん読みましたが）、1冊も存在しないはずです。残念ながら、これからも存在しないでしょう（笑）。

とにかくあなたの頭の実験室の中に放り込んで、言葉の化学実験を行ってください。いくつかのコツはあります。私が友人たちとつくっている「イノベーションカード」に、少しヒントがありそうなので、いくつかご紹介しましょう。

### 「違うジャンルのものに例える」

私がコピーライターとして初めていただいた賞は、朝日広告賞という広告業界の新人の登竜門のような賞でした。テーマは司馬遼太郎さんの「竜馬がゆく」の広告で、キャッチフレーズは「幕末の、ロックンローラー。」でした。これなどは、竜馬はいまの時代だったらどんな人に当てはまるのだろう、という視点が生み出したフレーズです。「街のクラブハウス」などは、そうした観点から出てきました。乱暴に思い切って例えるのがコツです。

### 「極端にする」

イタリアのバールを手本に生まれたスターバックスは、最初の店舗は思い切りイタリアを意識した店舗でした。とすると、お店は、もうイタリアなんだと極端に仮定すると「パスポートのいらないイタリア」「歩いて行けるイタリア」とも表現できます。

「でっかいどお。北海道。」で有名なコピーライター故・眞木準さんの飲料のキャッチフレーズに「100円避暑地」というものがありました。これなども極端にするという手法を使ったものです。

## 「要らないものを捨てる」

「安心して集える会社でも家庭でもない場所」から要らないものを捨て、言葉をひとつだけ残すとしたら、「会社」でも「家庭」でも「場所」でもありません。人間的な価値を表す唯一の言葉の「安心」です。では「安心」とは何か。もう一度想像を広げていきます。私は「安心」と聞いて思い出したのは、母親や、家族に囲まれた子ども時代であったり、ホッとする懐かしい場所、故郷。とすると故郷のカフェ、ダイナーのようなイメージで「マイ・ホームタウンズ・カフェ」というようなコンセプトもあるかもしれません。捨てられないものは本質に近いものです。そこから発想を広げていきましょう。

何度も言いますが、こうしたクリエイティブ・ジャンプを伴う作業は、どんな人も考え尽くしてもらうしか手がありません。量を出すことを心がけてください。量が質を生むからです。

すべての作業が終わったら、チェックBOXで、つくり出したものが機能するコンセプトかどうかをチェックします。

**■コンセプト・チェックBOX**

☑ 現在地シート
□ 競合／強み弱みシート
□ 顧客像シート
□ ゴールシート
□ ポジショニング・マップ
□ 価値観マップ

**働き**
□ 1. 力を束ねる
□ 2. 在り方を決める
□ 3. 行動を指示する
□ 4. 価値を最大化する

**性質**（1のみをチェックします）
□ 1. 本質とつながっている

いかがですか？　完成したようですね。

## 論理を積み重ねてジャンプをする

コンセプトづくりの過程を説明してきました。たった1行の短い言葉を搾り出すために、これほどまでの作業が必要なのか、と驚いたのではないでしょうか。世界の動向を把握することさえ要求したのですから。

しかし、私はコンセプトに本当の意味での効力を求めるなら、すべての過程が必要だと考えます。そして、おすすめしたいのはロジカルに考えるということです。論理を積み上げていくのです。

**なぜなら、クリエイティブなアイデアや言葉は、論理を積み上げた先にしか生まれないからです。**

どんなクリエイティブ作業も（芸術などのファインアートでない限り）、情報を集め、整理し、問題点と課題解決の視点を探ることからスタートします。

**優れたアイデアや言葉は、なにやらクリエイターに〝魔法のような才能〟があって、一瞬の**

**ヒラメキを通して生まれてくるという誤解がありますが、まったくそんなことはありません。**

こうしたクリエイティブ作法を他のクリエイターと話したことはありませんが、彼らの仕事ぶりを見る限りでは、たぶん私と同じでしょう。手に入るだけの資料を集め、関連の書籍はムダになろうと何冊でも購入する。ネットでも探し回って、できるだけたくさんのデータや事実を集める。これらを読み込み、整理してから考えます。

**そして、私たちが、いつも思い切り力を注いでいるのは「問題解決の新しい視点を発見すること」です。**

私はコピーライター出身ですが、コピーを書くときも、ネガティブをポジティブに引っ繰り返すような、あるいはポジティブをさらにポジティブにするような、企業、商品の新しい見方の発見に力を注いできました。つまり、先ほどの「ステップ8　概念を操作することで新しい価値を導く」の作業と同じように**「解釈の仕方を変えて別レベルの概念を導き出そうとしてきた」**のです。

**問題が発生した枠組みの中では、基本的に問題は解決できません。枠組みの外に出るような思考ができてこそ、解決へと近づきます。**

**左脳の論理的な作業を突き詰めていくと、「3rd Place」のような右脳的なジャンプが発生します。**対象の捉え方の次元がひとつ繰り上がるのです。こうした繰り上がり作業を何度か繰り返し、それを再度、左脳的に検証していく。これが本当のクリエイティブ作業です。比率は体感的には70％が左、30％が右です。ひょっとしたら私が思う以上に、左の比率はさらに高い可能性があります。

**左脳（論理）**
**⇩**
**右脳（感覚）**
**⇩**
**左脳（論理）**

こうした作業はイメージ的には下の図表18のように、論理でジャンプ台のある塔を組み上げて、ジャンプ台の先から感覚を飛ばすイメージです。

■図表18　クリエイティブ・ジャンプのイメージ

しっかりした論理で、塔とジャンプ台が高く組み上がるほど、私たちは遠くへ飛ぶことが、つまり思いがけない素晴らしいアイデアへとたどり着くことができます。

イノベーションを生み出したいとき、新製品を開発したいとき、コンセプトに行き詰まったとき、思い出してほしいのは「左、右、左」です。突破しようと思いながら、論理を重ね、感覚で探っていくと、良い意味での飛躍、つまりクリエイティブ・ジャンプが生まれます。

コンセプトづくりも、まずは、どうデータや論理を積み上げて、読み解くか、なのです。

Part.3

# 使う

第六章

# コンセプトの使い方

## コンセプトのプレゼンは1分で行え

さて、良いコンセプトができた。「良かった、良かった」で物事は終わりません。いくら良いコンセプトができても、それをきちんと使って成果を出さない限りは、宝の持ち腐れだからです。コンセプトをつくった意味がありません。

そこで必要になってくるのが、コンセプトを「どう浸透させて」「どう使い」「どんなふうに結果を出していくか」という方法論です。

Ｐａｒｔ．３は、コンセプトの使い方を解説していきます。

人は、認識↓理解↓納得↓行動というステップを踏みます。コンセプトをもとに行動してもらい、結果を出してもらうには、新たな企業コンセプト、事業コンセプトを、第一段階としてすべてのスタッフに徹底的に認識、理解してもらわなければなりません。

では、どのように行ったら良いのでしょうか。

**エレベーターピッチ**という言葉を聞いたことがあるでしょうか。シリコンバレーでつくられた言葉です。

ピッチはPitch。ピッチングやピッチャーの「投げる」という意味を持つ言葉ですが、ビジネスでは「売り込む」「宣伝」の意味でも使用します。

これは起業しようという若者が、多忙をきわめる投資家に、自分のビジネスに興味を持ってもらうための売り込みのことをいいます。一種の密室であるエレベーターで投資家にばったり会ったときに、すぐにプレゼンテーションするというアイデアがエレベーターピッチです。

ただ、運良くつかまえてもそこはエレベーターの中。彼が乗り込んできて目的のフロアで降りる直前までの、とても短い時間内にどのようなビジネスアイデア、プランを実行しようとしているか。また、いかに将来性、投資的な魅力があるかということを伝えなければなりません。

つまり、このプレゼンテーションの時間は、どんなに長くとも1分なのです。

つくったコンセプトを周知させるために、まずはエレベーターピッチのシナリオをつくりましょう。他部門など社内のすみずみのスタッフに、新しいコンセプトの意図と目標、どんな成果を狙っているかを理解してもらうためです。

短く的確であればあるほど、口コミでもおおよその内容が伝わっていきます。みんなの意識の中で繰り返し反芻され、噂になったり、話題や議題になったりして波及効果も大きくなります。コンセプトが組織内に浸透する可能性が高くなります。

1分のシナリオというと絶望的に短いように感じますが、そんなことはありません。この章の3ブロック目は「エレベーターピッチ〜」から「〜どんなに長くとも1分なのです。」まで約400字。ほとんどの人が1分以内に読めるはずです。

つまり400字以内のシナリオをつくれば、どんなに時間がない状況でもプレゼンテーションが可能になります。それは自分たちのコンセプトと戦略のエッセンスを示したものにもなるでしょう。

エレベーターピッチのシナリオ作成にもコツがあります。

ひとつは**短い「起承転結」で構成する**こと。4つのパートで語っていくのは、話す方も聞く方も分かりやすく覚えやすいものです。

**どんなコンセプトかは最初に言ってください。**「起」のパートで、いきなり結論を言うのです。

それに続く「承」のパートはコンセプトが成立する**背景、「世の中の何を変えようしているのか」「どんな可能性があるのか」**を伝えます。

「転」は**「何を、どのようにしようとしているのか」目指すビジョン**を、「結」でコンセプトを通して自分たちが**「何を叶えるのか」**を語ります。

**最大のコツは「夢を抱かせる」こと**です。すべてのプレゼンテーションは、聞き手に夢を抱かせるためにあります。新しいコンセプトで動くことがどんな成果を具体的にもたらすのか、関係者全員にメリットとして伝えます。

次の文章はアスクルを題材に取って私が作成した事例です。約350文字。ひとつの文章の構造を分かりやすくするために番号を振ってみました。

**① 私たちが始める新しいビジネスのコンセプトは【オフィス必需品の翌日配達サービス】です。**

②　いま中小企業の方は、いちいちオフィス用品が切れたら誰かが買いに走らないといけない状態です。とても不便な思いをしています。

③　オフィスの文具などの需要は日本国内だけでも約1兆3000億円。私たちが試算したオフィス文具の通販市場は2000億円規模。まだ誰もこの大きな市場に気づいていません。たいへんなチャンスです。

④　私たちは水、トイレットペーパー、コピー用紙、ボールペン、ホッチキスの針……何でも電話1本、クリックだけで届け、代金回収する新しい仕組みを導入します。

⑤　新事業が成功すると、試算ですが弊社の売上は5年で現状の3倍になります。まったく新しい、21世紀のオフィス用品カンパニーに生まれ変わります。

⑥　ぜひ、お力をお貸しください。

①が「起」です。コンセプトを伝えます。②③は「承」です。新ビジネスの背景、大きな可能性があることを示唆します。④は「転」。実現しようとしているビジネスのビジョン。⑤は「結」で、このコンセプトが成功するとどのような未来が開けるかを伝えます。⑥は結びの言葉であり、全社員への呼びかけです。

短い文章ですが、コンセプトが生まれた背景から、もたらす未来まで、十分に描くことができます。社内浸透のためのもっとも短いプレゼン資料が完成します。これがあるから、この後に続く資料やアナウンスをしっかり聞いてもらえるのです。

## コンセプトに基づく目標を設定する

コンセプトを土台からしっかりつくっていくと、実行するための戦略の骨格も見えてきます。

ポルシェは自社をよみがえらせるために、不良品を劇的に減らし生産コストを下げることを決め、トヨタのようなリーン・プロダクション（贅肉のない生産）方式を、痛みをともないながら、全社に導入しました。

スターバックスであれば「3rd Place」をコンセプトにしてからは、従来の立ち飲みの多い店づくりから座って落ち着ける店づくりへと方向を変えます。

コンセプトをテコに、戦略を動かしていくのです。

そして、大切なのはコンセプトをテコに戦略を動かしていくために、**「具体的」**で**「実行可能な目標」**を設定しましょう。

第四章の「コンセプトの『串ダンゴ型』設計図」でも書きましたが、ユナイテッド航空に統合されたコンチネンタル航空は、二度の倒産を経てもユーザー評価の低い、きわめてダメな航空会社でした。1994年までのコンチネンタル航空は、利益をひねり出すための目標を「コスト」に置いていたそうです。だから、肝心の飛行機は汚れてボロボロ。従業員もやる気を失い、疲れ切っていました。ユーザー評価が低いのも当然です。

着任した新しいCEOのゴードン・ベスーンさんは、目標を「定時到着率の改善」とシンプルにしました。その結果、コンチネンタル航空は奇跡的な復活を遂げ、1997年には6億ドル以上の収益を出すに至ります。

**「具体的」で「実行可能」な正しい目標設定は、このように大きな変化をもたらします。**「定時到着率の改善」も仕組み化や意識的な努力で実現可能な目標です。変化がはっきりと分かり、いままでの状態と計量・比較できます。

平凡な経営者であれば、この場合「ユーザー評価No.1」などとしてしまいそうです。それは自らが望んでいる結果であって、どんな手段をもって達成するかが不明であれば、目標としては機能しません。あくまで「具体的」であってこそ、目標となることを肝に銘じてください。

やってはいけないのが、「ベストクオリティの製品づくり」などの抽象的な目標や「100

%契約達成」のような、不可能な目標を掲げることです。これほどスタッフのモチベーション低下をもたらすものはありません。

組織全体の目標は部門の目標に。部門の目標はチームの目標に。チームの目標は個人の目標に。それぞれブレイクダウンして設定します。目標はすぐに届くようでもいけないし、手がまったく届かないものでも困ります。

できればひとつ、せいぜい2つの項目を選んで目標とします。複数の目標があるなら、プライオリティを設定します。

組織全体の目標は、たとえば「何年度にシェアや売上、利益率」などの数字で設定することが多いでしょう。しかし、チームや個人の目標は単純な売上などではなく、できれば**「もっとも変化してほしいもの」を目標として設定しましょう。**

1990年代のポルシェ生産部門の目標は「不良品率」だったでしょう。スターバックスであれば、お客様がゆったり過ごした指標となり得る「平均滞在時間」かもしれません。

いずれも「もっとも変化してほしいもの」のひとつです。正しい目標設定は、優れたコンセプトといっしょで行動の指針になっています。一人ひとりが何を行えば良いのかを明確にしてくれます。そして、コンセプト実施のための手段にもなっているのです。

各自が取り組むべき目標は、できるだけ売上、利益などの数字ではなく、各自の行動の改善によって達成できるもの、変化が目に見えるものにすることです。正しい目標設定がされれば、数字はついてきます。

目標が決まったら目標達成の期限を決めます。期限のない目標はたんなる願望です。達成可能な期間を割り出します。「いつまで」「何を目標とするのか」が決まったら、コンセプト実行のための準備は整いました。

## コンセプトが伝わる仕組みをつくる

新しいことを始めると、よくあるのが「単純な反発」「総論賛成で各論反対」という抵抗勢力の発生です。新しいコンセプトや戦略を疑問符で捉えてしまう人たちです。「それが何になるんだ」「そんなことを始めて何が変わるというんだ」「本当にうまくいくのかね」といった反応です。あなたも経験があるのではないでしょうか。

人は本質的に保守的な生き物です。数百万年も昔から、いまいる環境に自分を適応させながら生きてきました。ある程度の不都合があっても「住めば都」状態になるように自分を変えるのが人間の性質です。だから、些細な環境の変化にも敏感です。私も広告会社に勤めていたときはそうでした。大きな組織変更や環境変化には、内心の不安を抱えていたものです。

**「単純な反発」「総論賛成で各論反対」は、そのような内心の不安の表明なのです。**不安とは、いま自分がいる状況をしっかり把握できない状態から発生します。海外旅行先の見知らぬ国での不安と同じなのです。特に大胆なコンセプトを提案した場合は、そうした反応が多くなるでしょう。

見知らぬ国での不安は2つの要素から成り立っています。

ひとつはコミュニケーションに対する不安。知らなければ人に聞けばよいのですが、言葉がうまく通じないとコミュニケーションの回路が閉ざされた気持ちになります。回路が閉ざされた人は途端に疑心暗鬼の状態になります。

もうひとつは現在地に関する不安です。いまいる場所が見知らぬ国の繁華街だとして、その街はどこが安全な場所なのか、危険な場所があるのか。もしガイドブックがなく、何らかの原因でひとりはぐれて歩いているとしたら、これほど不安なことはないでしょう。人は、自分がいまいる場所はどこなのかを知らないと不安になります。

こうした反応を鎮める、つまり**不安を取り除くには、まず徹底した情報開示が有効**です。他のスタッフと、このことについて話せる、共通認識が持てる状態をつくります。また、いま自分たちの属する組織が何を問題として抱え、どのような方法論を持って、どう成果を出そうと考えているか、ということをすべて開示するのです。

そうすると、**憶測で判断したり、考えるのではなく、開示された情報に基づいて自分なりの判断や考えを深められます**。自分がいまいる場所がどこかが分かってきます。現在地に関する不安が和らぎます。

また、**情報が開示されるほど、人は組織の本気度を感じます**。情報が開示されることで、他の人と共通言語でコミュニケーションできる環境が整います。**スタッフ同士が自由に議論できる仕組み、土壌をつくることが重要**です。

情報開示に当たっては、**新しいコンセプトとその誕生の経緯をまとめた資料をつくるべき**です。分かりやすく、薄くまとめてください。形式ばる必要はありません。率直に何のために、何をしようとしているのかが分かればよいのです。エレベーターピッチのシナリオが役立ちます。それをできれば冊子形式にして全スタッフの手元に届けてください。

また、発表する機会を、組織全体、部門、チームというように各フェイズで設けてください。いまならｗｅｂを使えば、映像でもボイスメールなどの音声でもメッセージを伝えることができます。

各スタッフが理解、納得することが、プロジェクト成否に大きくかかわります。

可能であれば**新しいコンセプトによるプロジェクト情報がすべて分かる専用サイトをつくる**ことをおすすめします。日々、何か情報が加わるごとに更新していきます。あがった成果を報告します。スケジュールの進捗がひと目で分かり、遅れればその原因と対策を掲載します。問い合わせの窓口があり、そこを見ればすべてのことが分かるサイトです。専用サイトに誘導する社内向けのメルマガを発行してもよいでしょう。

この他に、コンセプトを意識化するための方法としては、たとえば名刺に入れる、ＰＣの立ち上げ画面にポップアップするようにする。コンセプト＆戦略をカード状にして携帯できるようにする、あるいはポスターにする、ショートムービーにするなど色々な方法があります。

多くの回路を通じて、すべてのスタッフがコンセプトを共有できる状態をつくっていきます。コンセプトをたんなるお題目にしないために全員で共有しましょう。繰り返し、コンセプトの意図と手段、目標を意識の中に刷り込んでいくのです。全員が同じビジョンのもと、普通の会話の中にプロジェクトの共通言語が出てくるようになること、誰もが何も見ないで自分たちの組織が目指すべきところを語れるようになることを目指すのです。

## コンセプトを自分事化する

共有とは、ただコンセプトを知っている、理解しているという状態ではありません。ここで言っている**共有されている状態とは「個々のスタッフが、コンセプトが示すビジョンや方向に同意し、自分の毎日の仕事をそのビジョンや方向に沿って行う」ということ**です。コンセプトによる目標達成は、個人の目標達成であり、自己実現である、と考えてくれている状態です。

簡単に言うなら**「コンセプトを自分事化する」**のです。

コンセプトの第一の働きは「力を束ねる」です。「力」とは、その組織が所有する商品、ノウハウ、資金、仕組み、ブランドイメージ、人材などの資源をいいます。

当然、コンセプトを実行していくときには、それらの力を束ねる意図を持って体制づくりをする必要がありますが、**もっとも「力を束ねる力」になってくれるのは〝人の気持ち〟**なのです。つまり、スタッフのやる気です。不安を取り除いたあとは、やる気を引き出すことがコンセプトをお題目にしないポイントです。

エレベーターピッチのシナリオづくりでも「夢を抱かせる」ことが最大のコツと書きましたが、これもコンセプトを実際に体現していくスタッフのモチベーションを考えてのことです。コンセプトのための体制も、目標達成を管理するという意識ではなく、スタッフのモチベーションが高まるようにと、つくっていくべきなのです。

では、どのようにしたら、コンセプトが示すビジョンや方向に同意し、自分の毎日の仕事をそのビジョンや方向に沿って行うことができるのか。

先ほど「組織全体の目標は部門の目標に。部門の目標はチームの目標に。チームの目標は個人の目標に。それぞれブレイクダウンして設定します」と記しましたが、一人ひとりが担当する領域で、**自分が「何を行えば」コンセプトが示すビジョンや方向に沿って動くことになるのか、その結果、自分に「何がもたらされるのか」を明確にしていく**のです。

チームスポーツを思い浮かべると理解しやすいでしょう。

たとえばサッカー。全員の共通の目標は、敵からゴールを奪い、勝利することです。そのためにフィールドにいる11人全員が、自分が何を行えばよいのか、理解している必要があります。背の高い1トップのフォワードであれば、ボールをもらったらキープし、2列目以降の上がりを引き出すこと。ミッドフィルダーのボランチ（司令塔）であれば、敵の攻撃の芽をつみながら、味方の攻撃の起点になること。守備のサイドバックであれば、敵のサイド攻撃を封じながら、チャンスと見るや敵陣奥深くまで侵入すること、などなど。

その個人の能力や特長に応じて、もっと細かく行うべきことが設定されているはずです。スポーツは「何を行えば」「何がもたらされるか」が明解ですが、要素の多いビジネスでも構造はいっしょです。

1990年代のポルシェに勤務しているとしたら何を行えばいいでしょう。不良品率を下げるために全社をあげて取り組んでいます。

CEOのヴィーデキングさんはトヨタの生産方式を取り入れることを決め、社内にアナウンスし、日本からトヨタの生産方式に精通したコンサルタントを招きました。そして、率先して工場の中へ入っていきます。

工場長はこの新しい生産方式を受け入れるために、改善担当チームを6つ編成します。塗装、ボディ製作、エンジン組立、車両組立、最終組立の各工程で改善の方策がスムーズに実施されるようにサポートします。

改善担当チームは、チームリーダーも担当のスタッフも、出てきたアイデアを工場の製造ラインの中でもっとも効率的に行うには、どうしたらよいかを考えます。そして実際に製造ラインの中で、その方法を試し、フィードバックするのです。

ある日、一人のスタッフが考えて行ったことは「部品の棚の高さを低くする」だったかもしれません。その方が部品をよく見渡せて、手に取るのも労力が少ないからです。たったこれだけですが、これは当時のポルシェが進む方向と見事に一致しています。小さな行為ですが、ひいては製造ラインを効率化し、不良品率を下げるのにも貢献しています。

CEOのヴィーデキングさんが「青色のつなぎを着て工場を訪問すること」も同様です。本気で取り組むのだ、もう後戻りはしない、というCEOからのメッセージであり、意志表示です。工場の士気も上がるでしょう。

彼らは自分が「何を行えば」コンセプトが示すビジョンや方向に沿って動くことになるのか、

その結果、「何がもたらされるのか」を明確にしているのです。

その意味でスタッフが「部品の棚の高さを低く変える」ことと、ヴィーデキングさんが「青色のつなぎを着て工場を訪問すること」は、会社でのポジションに関係なく、コンセプトの実行にとっては、まったく同じ価値を持っているのです。

また、人の役に立っていることを感じられることは、人間の大きな喜びです。自発的な創意工夫がどのように役立つかをアナウンスすべきでしょう。

これが「**コンセプトが自分事化された状態**」です。自分の内側から自然にモチベーションがあふれて、コンセプトの方向に向かって動いている状態です。

**コンセプトも、戦略も、全スタッフが「自分事化した状態」、つまり、自分の仕事として、目標として自主的に取り組んでいる状態をつくっていきます。**

コンセプト、やらなければならない戦略という意識がある限りは、うまく機能しないでしょう。

せっかくのコンセプトも戦略も、共有されていないと組織のパワーにはなりにくいのです。スタッフの中に与えられたコン

## 優先順位を決め、責任を明確にする

組織をあげて目標に向かっているときに、目標達成をもっとも阻害してしまう要因は何だと思いますか。

それは**組織内の部門それぞれが「タコツボ化」して、他部門とのコミュニケーションやつながりが切れてしまうこと**です。トップマネジメントも「タコツボ化」すれば、すぐにスタッフとのコミュニケーションは途絶え、組織全体の息づかいを感じられなくなってしまいます。それぞれの部門は**自分たちで独自解釈した優先順位で動き、客観的な評価軸を失っていきます。**まわりが見えなくなった「井の中の蛙」状態が組織内にいくつも出現するのです。

こうした状態を日産のCEOであるカルロス・ゴーンさんが著書に記しています。

「部門と部門、職務と職務のつながりが、見事に断ち切られていた。部門ごとに社員は、自分たちは目標を達成しているとそれぞれに信じていた。これは日産に限らず、世界中の危機に瀕する企業に共通して見られる問題である」(『ルネッサンス　再生への挑戦』(ダイヤモンド社、2001年、p.164)

**タコツボ化した組織は、容易に自分たち以外に責任を転嫁する風潮を生みます。**「問題は私たちではなく、私たち以外にある!」と言い出すのです。**当事者意識も、危機意識も、こうした組織からは失われていきます。**

再生前の日産は、技術も能力もあり、人材もいながら、こうした状態に陥っていました。ゴーンさんは、この状態を招いたのは、マネジメント側が〝問題を見極め、明確かつ妥当な優先順位を確立する能力がなかった〟からだと断言します。

コンセプトづくりと、その実行において、マネジメント側で最大限に重要なのは次の2つです。

ひとつは**「問題の根源を見極めること」**。これはマネジメントのトップが組織の現状をあらゆる角度、フェイズから把握しなければならないことを意味します。下から上がってくる情報、データだけに限らず、広範に現場の声も聞くべきでしょう。自分自身で体験すること以上に濃い情報はないからです。

この本のコンセプトづくりが、世界の潮流の把握からスタートしたように、大きな視点からごくパーソナルな視点までを使って、自分たちの問題の根源を捉えます。前章で述べたように、問題を解決するには、**問題が発生した枠組みの外に出るような視点、つまり内部の視点ではなく外部の視点が必要です。**企業が外から招聘したトップによってよみがえることが多いのは、こうした外部的な視点で問題を見極められるからだと思います。

もうひとつは「**やるべきことの優先順位を正しく設定する**」ということです。これはトップダウンで行う必要があります。トップマネジメントの視点で、優先順位を決めます。なぜなら**組織全体の利益を考えた思考は、部門では持ち得ない**からです。全社的な優先順位を各部門からのボトムアップで出した場合、それは自部門を優先したものにならざるを得ないでしょう。

**決定した優先順位の実行責任、結果責任は、決定権者が取ります。実行する細目に関しては、誰が決定し、責任を負うのか、誰が実行するのかを全スタッフに開示します。**

日本の政治で長い間言われている政治主導とは、このことを言っています。政策の優先順位づけは、部門「省庁」からあがってくる優先順位ではなく、国のトップマネジメントである政治家による判断で行わなければ、結局はいびつなものにならざるを得ないのです。それは省庁や官僚の問題ではなく、政治そのものの決定方法や決定過程、責任の所在をどうするかという問題なのです。

責任の所在があいまいな組織は、いっときはうまくいっても、必ずパワーを失っていきます。

組織の中でのプロセスの透明化は、人の当事者意識、さらにはやる気を引き出します。命令だけを忠実にこなす人間でありたいと思っている人はいません。人は自分の行っていることの意味を知りたいと思うし、その過程にかかわっていたいと思うものなのです。

マネジメント側は、いつでも情報開示、プロセス開示の姿勢で、ことに当たるべきです。そうすることで、スタッフは自分の内面から湧き出るモチベーションによって行動する状態になっていきます。


さて、世界中のブランドには、ブランドのコンセプト、価値観、ポジショニングなどの理念的なものを明文化したブランド・ステートメントというものがあることをご存じでしょうか。いわばブランドの憲法です。このブランド・ステートメントに「DO'S & DON'TS」と言われる項目があります。これはブランドを守り育てるための推奨行動「やるべきこと」と禁止行動「やってはならないこと」をまとめたものです。

たとえば、コンセプトのために力になる行動を「DO'S」で、やってはいけない行動を「DON'TS」でまとめることも実行段階のひとつのアイデアかもしれません。

昔の生徒手帳のような管理のためのルールではなく、コンセプト実行のためのアイデアを盛り込んだ、スタッフ一人ひとりの「DO'S & DON'TS」をつくるのもいいかもしれません。

この段階で問われるのは、トップマネジメントからスタッフまで共通です。それは「**あなたが何をやれるか**」です。

## 実行して結果を確認する

コンセプトを決め、戦略を策定し、目標を設定したあとは、組織全体としても、スタッフ個人としても実行あるのみです。目標には期限が切ってあるので、期限がきたら結果を達成できたかどうか結果で比較します。

**組織全体の評価の指標はあくまで結果のみ、「目標に到達したかどうか」だけです。他の指標は一切必要ありません。**

巨額の負債にあえいでいた日産が、カルロス・ゴーンさんのもと、1999年10月に発表した「日産リバイバルプラン2000年度～2002年度」も目標数値が列挙されています。

コミットメント（必達目標）の下には「1．2001年3月31日までに黒字化を達成。」「2．2003年3月31日までに営業利益率4・5％以上を達成。」「3．2003年3月31日までに有利子負債1兆4000億円を7000億円に削減。」が並んでいます。主要リストラ策も、資源の再配備という項目も、すべて数値で明確に目標が示されています。

したがって、2001年3月31日の進捗状況の発表もすべて数字で、ほぼ完全に1999年

10月発表のものと対になっています。

コミットメント（必達目標）の下には「連結営業利益2903億円を達成（税引後最終損益3311億円）。」「売上高営業利益4・75%達成。」「負債額を9530億円に削減。」と並びます。主要リストラ策、資源の再配配備もすべて数値で達成度合いが示されています。

コンセプトは最終的なビジョンを達成するためにありますが、ビジョン達成に向けて、計画通りに進んでいるかどうかは、目標の達成度合いでしかはかれないからです。

達成度合いの計測はあくまで数字です。

目標に到達していなければ、なぜ到達しなかったのか、原因を特定しなければなりません。予想を上回る結果を手にした場合も、同様に予想を上回らせた原因を特定する必要があります。

到達しない原因を特定できないなら、改善ができません。改善ができないもので戦略や計画、目標を組み立てるわけにはいきません。プロセスが問題なのか、手段が問題なのか、あるいは目標の設定に誤りがあったのかを特定して明らかにしてください。

予想を上回った場合の原因を明確にしておけば、組織の中に成功のノウハウが蓄積できます。それが的を射ているなら財産になっていきます。

そして、全員の前に何も隠すことなく開示してください。課題は赤裸々にさらすべきです。隠すことは課題を先延ばしにするのみならず、解決しないことによる被害を大きくします。正確な情報がすみずみに行き渡ってこそ、知恵もわいてこようというものです。

もし、スタッフが持てる力を注いだ結果、目標を上回ったら、大いにほめてやってください。結果は頑張ったスタッフのものであり、みんなのものです。

ひと通りお祝いしたら、自分たちのビジョンに近づくために、もう一度目標を設定、あるいは見直しましょう。ひょっとしたら、次の期限までに、もう少し大きな目標に変えてもよいくらい、スタッフが育っているかもしれません。組織自体に力がついているかもしれません。

## 知られていないコンセプトのすごい効用

コンセプトをつくって、戦略を立て、目標を設定し、プロジェクトを回していく。この長くて面白い旅路を解き明かしていくのも、ここでとりあえず終わりです。

ここまでの内容でコンセプトのつくり方、使い方の概略はつかめたでしょうか。

当たり前ですが、**この本を読んだだけで、すぐに素晴らしいコンセプトがつくれるようになるわけではありません。**クリエイティブのプロとして、なんとか格好のつくコンセプトを、提供できるようになるには、最低でも5〜6年かかります。

もちろん、私たちは仕事として請け負っているので、業種や規模、抱える課題を問わず、何が来ようと、きちんと機能するコンセプトを生み出す必要があります。

しかし、自分の仕事、ビジネスであれば、それほど時間をかけずに機能するコンセプトは生み出せます。**まずは、日々の仕事の小さなコンセプトづくりからスタートしてみてください。**

チームの営業方針、商品開発の合言葉、プロジェクトの骨子などなど、コンセプトを必要とする仕事は思いがけないほど身の回りにあります。

つくって、使う。使って、変える。結果を見て、効用に気づく。

そうして、あなたや、あなたのチーム、組織のコンセプト力を磨くのです。

トライ&エラーです。

ただし、**本気でつくり、本気で使ってください。**前にも述べましたが、コンセプトは、ただの言葉です。その言葉を、ビジネスのすべての起点とするくらいの覚悟がない限り、言葉の持つ巨大な力は使われずじまいで、現実を変革する力にはなり得ないでしょう。

**コンセプトは、企業経営の、もっとも大切な道具のひとつです。行き先を示すコンパスにもなれば、現実という重い石を動かす強靭なテコにもなります。**でも、それはつくり方次第、使い方次第なのです。

もし、しっかりとつくり、使われたなら、コンセプトの効用は組織、ビジネスの両面とも広範囲に及びます。

まず、**社員一人ひとりの行動の目的や目標がハッキリし、ビジネスの効率が大幅にアップします。**ムダがなくなり、組織のエネルギーを集中させることができます。**早ければ半年程度で売上などの数字にも変化が表れてきます。**

また、日々の仕事の意味がコンセプトによって明確になることで、チームづくりも容易になり、チームとしてのまとまりも出てきます。

**大きな組織であっても、それぞれのチームや部署ごとの自律性・自立性が出て、組織が活性**

**化していきます**。でありながら、組織を横断的に、コンセプトが串のように貫いているため、**チームや部署がタコツボ化せずに、オープン性を保ちます**。

これらは人材育成にも良い影響を及ぼします。**風土として開かれた組織、風通しの良い組織となり、人材の活性化が進みます**。心理的にもポジティブな影響を与えます。組織の自立性は**一人ひとりの自立性を引き出し、成長を促します**。

さらに、コンセプトを中心にした企業活動および情報発信は、外部から見た企業のイメージを変えていきます。その企業なりのユニークネスを明確に印象づけます。その結果、**優秀な人材が採用しやすくなります**。もちろん、どのような人材が必要なのか、どのような人材として育てるのか、ということも組織内で明確になるでしょう。

経営幹部にとっても、メリットは数多くあります。

まず**意思決定が楽になります**。なぜなら、経営の土台をブレない指針が貫いているからです。ある意味、思い悩む必要はありません。新商品、新サービスなどの開発から、M&Aなどに至るまで、コンセプトに沿って判断すれば良いのです。**経営に一貫性・継続性が生まれます**。**課題解決も自動的に進みます**。短期、中期、長期の経営計画もコンセプトを中心に描きやすくなるでしょう。コンセプトがあるということは、将来のビジョンへの道筋が見えていることに他ならないからです。

マーケティングでは特に大きな効用があります。

ＢtoＢ企業、ＢtoＣ企業にかかわらず、**差別化が難しい商品、サービスでも、コンセプトを打ち出すことで〝違い〟をつくることが可能になります。**〝違い〟はファンを生み出し、多くのファンは企業に安定をもたらしてくれます。

売上や利益のレバレッジ役がコンセプトなのです。

また、**コンセプトを土台にした、さまざまな情報発信（ロゴ、ＣＩ、広告、ＰＲ、商品パッケージなど）は、企業や商品のブランド化を推進します。**

ざっと考えただけでも、コンセプトには、これだけの効用があります。

これらの効用を、筆記用具と、Ａ４のコピー用紙と、いくつかの資料やデータだけで手にすることができるのです。**これほどローコストで、これほど経営に影響を与えるものを私は他に知りません。**

言語というものを持ったがゆえの宿命ですが、人間は、現実のものごとを「意味のつらなり」として認識しています。言葉にできなくとも、私たちは無意識に「意味」を与えて、自分の現実を形づくっているのです。

**コンセプトをつくるということは、ぼんやりとして捉え難かった自分にとっての現実を、ひと言で整理してしまうということです。**

だからこそ、事業の立ち上げ、企業再生など、さまざまな問題が多く発生する難しい局面で、たった20文字程度の言葉であるコンセプトが大きな力をもつのです。

私たちは、その20文字の中に意志を読み取り、未来への希望を感じ、働くための指針を見ます。全力を尽くして、あなたのための、あなたの組織のための20文字を見つけてください。

## これからのコンセプトの話

これから、どのようなコンセプトが求められていくのか、最後に少しだけお話させてください。

私がホームパーティーを催すときに買うパンは、横浜市の自宅近所のお店で買うものではありません。そのパンはわが家から2000㎞ほど南にある、基地問題でゆれる沖縄の宜野湾市の、まわりに1軒の店とてない住宅街の中の小さなパン屋さん「宗像堂」からやってきます。開店当初から使っている天然酵母で、店主自らが手作りした巨大な石釜に薪をくべ、徹夜で焼いたパン。手に持つとズシリと重い。

そして、パンたちは、その重さに似合う色と面がまえをしています。歯応えのあるパンを噛みしめると、しっかりと押し返すような粉の旨みが口いっぱいに広がります。

ワインとチーズに合わせたら日本一との噂があります。全国のパンフリークの間では〝聖地〟とも言われ、パンを買いに、この小さな店に全国からお客様が引きも切りません。

いつも不思議に思うのは、どうしてあれほど不便な場所に店を開いたのか。そして、どうしてご近所の人はともかく全国から買いに来るのかということです。記事が載った雑誌やネットでの集客もあるとは思いますが、それにしても彼のお店では5人の人が働いています。

あるいは。

立志出版社という小さな、小さな出版社があります。日本の若者を憂えた一冊の本を出したいがために資金もままならない中で、30代の編集者がたった一人で立ち上げた出版社です。

『道に迷う若者へ』と題された191ページの新書判の本は、壮絶な人生を生きていた著者の高取宗茂さんが、希望を失っているように見える若者たちへ、底辺から這い上がるノウハウを自身の体験から説き聞かせる内容です。書店でも購入はできますが、販売は他の出版社が代行しているせいか、なかなか見かけることはありません。

ここで編集者の彼が取った行動は考えもつかないものでした。リヤカーを引いて47都道府県をまわり、本を手売りしていくというのです！「何をムダな」と笑われることを覚悟しながら、彼はのぼりを立てたリヤカーを引いて日本中を「行商」しています。

その熱に感染するのでしょうか、行く先々で知り合った人の歓待を受けながら、この本は路上から売上を確実に伸ばし始めています。

はたまた。

私の若い知人に、三浦半島で一人で農地を開拓し、不耕起、無農薬、無肥料の、ほぼ自然状態で野菜を育てている人間がいます。その野菜は、いわゆる有機栽培の野菜とも一味違い、雑草を掻き分けて芽を出した、野育ちの逞しさを持っています。食べると植物のエネルギーがダイレクトに身体に入り込んでくるような強烈な香りと濃い味わいの野菜です。彼が、自宅や友人宅で不定期開催する野菜を食べるカフェは、いつも遠方から訪ねてくる人でいっぱい。食べると皆が目を見開き、感激した面持ちで帰っていきます。「エネルギー農法」と名付けた農法で採れた野菜は、静かに口コミとネットで広がっています。

これら、私に起こっている消費はすべて、いわゆる広告や企業コミュニケーション、雑誌やテレビへの接触から起こった消費ではありません。すべては「ひと」を介してやって来ました。デジタルの、インターネットの世の中であるからこそ起きた消費の形態です。

この消費は、高度経済成長期の生活の基盤を形づくるようなインフラ的消費、バブル期の所有を誇示するような記号的消費、低価格品を持てはやしたデフレ的消費とも明らかに違います。いわば**自分の価値観を広げたり、シンパシーを感じるものにお金を投じる「投票的消費」とでも言えそうな消費行動**です。

**好きだから、良かったから、お金を1票。**

もちろん、この消費が大々的に世の中を覆っているわけではありません。しかし、この30年近く広告制作やブランディングの世界に身を置いてきたものとして、私のアンテナがキャッチするのは、こうした消費者、つまり**私たち自身の巨大な地殻変動**です。

私には、この地殻変動が、ジョブズがつくった魅力的なアップル製品や、グーグル、ツイッター、フェイスブックなどのサービスの大ヒットにつながっていると思えてなりません。

世界は、ここ20年急激にネットワーク化されました。その変化の只中にいるがゆえ、なかなかどこへ向かうのか見えてきません。

しかし、ものの価値が「体験」として計量されて、「いいね」というクリックひとつで、またたく間に世界中に伝播していきます。**デジタルと言いながら、とても人間くさい世界になってきているのです。**

**これから世界中の企業はハードであれ、ソフトであれ、サービスであれ、その商品がもたらす「体験の質」こそが問われていく**でしょう。どんなに高価でも体験として価値がなければ、誰もほしがらない。逆に、どんなに知られにくい商品であっても、素晴らしい体験をもたらすなら、世界中から注文が殺到する。そんな時代がやってきています。

したがって、**これからの時代、コンセプトは提供する「体験の本質的な価値」を描いたものになっていく**でしょう。ビジネスの方法論を単純に取りまとめたものは少なくなっていきます。この本で取り上げた事例で言えば「３ｒｄ Ｐｌａｃｅ」が、そうです。ただの事業規定でも方法論の規定でもありません。それはスターバックスの世界中の店舗が、提供すべき体験の中身を規定した言葉です。

無印良品の「これでいい」も、そのひとつでしょう。「で」のレベルをできるだけ高めたいという言葉は、これからの時代もっと大きな意味を持ってくるでしょう。

**21世紀、人は、自分がシンパシーを寄せるストーリーを持った、商品や企業や人にお金を払おうとします。**機能やデザインは当然良くなければなりませんが、それ以上に、理念やビジョンにも反応しているのです。

iPhoneを操作するとき、これをつくり上げたスティーブ・ジョブズという人間の、熱烈な思いやエピソードも、私たちはいっしょに体験しているのです。

人々の消費の中に現れようとしているのは、さらに人とつながろうとする社会の萌芽でもあります。楽観的すぎるかもしれないし、あまりにも我田引水的な見方かもしれないですが、私はそう思っています。

そのとき**日本という国は、「体験」という資産で考えると、実は世界でも有数の資産国ではないか**と思うのです。

この資産を活用し、価値を生み出すのは、ひとえに私たちの革新的なコンセプトをつくり出す力にかかっています。

そして、この国からワクワクする斬新なコンセプトとともに、まったく新しい何かが生まれてくることを夢見て、この本を終えたいと思います。

# あとがき

最後までお読みいただき、ありがとうございました。

私が生まれ育った昭和30～40年代にかけては高度成長期で、それまでの暮らし方が激変した時代でした。同時に、この時代は、大人たちが自信を持って生きていたと感じる時代でもありました。

それから30数年。1990年代にバブルがはじけ、戦後、続いてきた繁栄の宴は唐突に終わりを告げ、もやもやとした「失われた」と称する時代へ入っていきます。

しかし、何が失われたのでしょう。

いったい日本人の、日本の、何が失われたのでしょう。さらに自分も含めて、私たち日本人の、この自信のなさは何なのか。長い間、私の大きな疑問でした。経済の中心が先進国から新興国へ変わっていく大きな流れも分かる。日本が抱える問題も分かる。でも、その前で私たちは、ただ手をこまねいて呆然と立ち尽くしているだけではないか。動かないのか、動けないのか。私たちから、失われていったのは膨大な時間でした。

そして、ある時、気づいたのです。

日本には問題への対処の意見や議論はあるが、どんな国になるべきか、どのような未来を我々は目指すべきかというもっとも根本的な議論が欠けていることに。

つまり、コンセプトとグランドプランが、この国にはなかったのです。

残念ながら、アベノミクスが進むいまも、それらがハッキリしてきたとは思えません。

私たちは、失っては困るいちばん大事なものを、そもそも持っていなかったことに気づくべきなのです。

根本を議論せず、枝葉に目を奪われているから、いつまで経っても自分たちの未来が見えてこない。見えてこないから不安につきまとわれ、自信がない。自信のない不安な眼で世界を見るから、未来はネガティブなことに満ちたものに思えてしまう。

自分なりに、こうした視点から世の中を見渡してみると、日本が抱える問題は、自らのコンセプトを見出し、グランドプランをつくることで少しずつ解決に向かうのではないか。その手助けをできるのではないか。この本は、数年前から抱いていた私のそうした思いが出発点になり、試行錯誤を経て、形になったものです。

もちろん、すべての問題がコンセプトで解決できるものではありません。コンセプトは羅針盤のようなもの。推進させるには私たちの思い切った行動力が必要です。

しかし、何も決めずにフラフラと歩いていたら目的地に着きました、ということがないように、コンセプトやビジョンを定めずにどれだけ行動しようと、理想の未来などやってくるはずはないのです。

遅まきながら日本の色々な分野で議論をして、未来に向けて行動するための、原理・原則を立てるべきときが来ているように思います。この本が、少しでもその助けになれたなら、筆者としては望外の喜びと言う他はありません。

本書は、私一人の力では到底日の目を見ることはありませんでした。

出版のきっかけをつくってくれたのは出版プロデューサーの岩谷洋昌さん、フリーの編集者であり出版社を立ち上げた田中克成さん。またエグゼクティブコーチとしていつもあたたかい励ましをくれる小林火奈子さんが、この本の誕生を後押ししてくれました。

日々、ハードな仕事をこなしつつ執筆していくのは、弊社スタッフである高柳しのぶ、内田健一、谷瑞世の協力、また妻と娘の協力がなければ厳しいものがありました。あらためて感謝したいと思います。

出版ビジネスのプロとして私をサポートしつつ、本づくりで鋭い指摘をくれた出版プロデューサーの西浦孝次さん、ビジネスプロデューサーとしてアドバイスをくれた小林正弥さん、さらに文章を詳細に検討してくれた時任悟さんにもずいぶん助けられました。

作家の本田健さんには執筆の途中で内容に悩んだときに、貴重なサジェスチョンをいただきました。大きな方向転換でしたが、結果的に、より深みのある内容になったと感じています。心から感謝したいと思います。

担当編集者である吉尾太一さんには遅れ気味になる原稿とともに、ほぼ1年近くを見守っていただきました。ありがとうございました。

この他にも、たくさんの友人・知人に応援してもらいこの本は誕生しました。

最後に、出来上がった本を見ることなく逝ってしまった30年来の親友・宇野佳秀に、拙著を捧げたいと思います。

江上隆夫

**江上隆夫**（えがみ たかお）

---

ブランド・コンサルタント／クリエイティブ・ディレクター
有限会社ココカラ　代表取締役
デキル。株式会社　取締役

長崎県五島列島の大自然の中で伸び伸びと育つも、父親の事業失敗により愛知県へ転居する。大学卒業後、プロミュージシャンを目指したが挫折。しかし、それが幸いしてコピーライターに。その後20年近く大手広告代理店でコピーライター及びクリエイティブ・ディレクターとして、さまざまな業種の広告とブランド構築にかかわり、コンセプト力を磨く。2005年独立後はブランド・コンサルタント、クリエイティブ・ディレクターとして、数億から50億、100億単位の広告制作やブランド運営にかかわっている。最近では、誰もがイノベーションを起こせるようにするスキルの開発や、地方自治体イベント・自治体首長のマニュフェストづくりに参加するなど活動の幅を広げている。主な受賞歴に朝日広告賞、日経広告賞グランプリ・優秀賞、日経金融広告賞最高賞、日本雑誌広告賞、東京コピーライターズクラブ新人賞などがある。

■ブランドカンパニーラボ　http://www.brand-lab.jp/
■ネーミングラボ　http://www.naminglab.jp/

# 無印良品の「あれ」は決して安くないのになぜ飛ぶように売れるのか?

## 100億円の価値を生み出す凄いコンセプトのつくり方

2014年2月28日　初版第1刷発行

著者　江上隆夫
発行者　小川 淳
発行所　SBクリエイティブ株式会社
〒106-0032 東京都港区六本木2-4-5
電話 03 (5549) 1201 (営業部)

装丁・本文デザイン　轡田昭彦＋坪井朋子
編集協力　株式会社友人社
編集担当　吉尾太一
印刷・製本　中央精版印刷株式会社


ISBN978-4-7973-7328-8